AS CHAVES DA PERSEVERANÇA

PADRE JUAREZ DE CASTRO

AS CHAVES DA PERSEVERANÇA

Nas palavras de Cristo, respostas para todos os momentos da vida!

lua de papel

Direção editorial: Pascoal Soto

Editor: Pedro Almeida

Produção editorial: Gabriela Ghetti e Marília Chaves

Colaboração de pesquisas: Leila Maria Rebelo Rabelo Fonseca

Preparação de textos: Camile Mendrot / Ab Aeterno

Revisão: Beatriz de Freitas Moreira

Capa, projeto gráfico e diagramação: Osmane Garcia Filho

Foto de capa: Pedro Lóes

Todas as citações bíblicas foram retiradas da edição publicada pela Vozes.

Dados internacionais de catalogação na publicação (CIP-Brasil)
Ficha catalográfica elaborada por Oficina Miríade, RJ, Brasil.

C355 Castro, Juarez de, 1966-
As chaves da perseverança : nas palavras de Cristo, respostas para todos os momentos da vida! / Padre Juarez de Castro. – São Paulo : Lua de papel, 2011.
176 p.: il.

ISBN 978-85-8044-311-0

1. Literatura cristã. 2. Aconselhamento – aspectos religiosos. 3. Igreja católica. I. Título.

11-0110 CDD 282

2011
Todos os direitos desta edição reservados à
Texto Editores Ltda.
[Uma editora do grupo Leya]

Rua Desembargador Paulo Passaláqua, 86
01248-010 — São Paulo — SP — Brasil
Blog da Lua: www.leya.com.br/luadepapel
Twitter: @luadepapel_BRA / @EditoraLeya

Para você,
Adriano de Castro

SUMÁRIO

ACREDITAR

PERSEVERANÇA

VIRTUDES

Apresentação

Eles já estavam cansados. Haviam trabalhado a noite toda. Estavam quase desistindo quando Jesus chegou e propôs que jogassem a rede só mais uma vez. Pedro argumentou que não adiantava, pois haviam passado toda a noite tentando. Eles estavam esgotados, tristes e desanimados, prestes a abandonar tudo. No entanto, cederam e concordaram. Vamos então tentar mais uma vez, mas só "por causa da Tua Palavra". E lançaram a rede e logo ela se encheu de tal forma que parecia que ia se romper e a alegria voltou; *tudo "por causa da Tua Palavra"* (Lc 5,4).

Escrevi este livro para que ele sirva como renovação de ânimo, nos momentos em que você possa estar sem esperança, triste ou deprimido. Se você tem lançado sua rede e nada vem acontecendo, eu lhe proponho, como Jesus, que tente só mais uma vez – tente. Não por causa das minhas palavras, mas por causa da Palavra d'Ele.

Percorra nestas páginas a Palavra que cura, transforma e salva. Elas estão no Evangelho e eu faço breves comentários, reflexões que me têm chegado todos os dias nesses quinze anos de pregação. Avance para as águas profundas da intimidade com o Senhor através de Sua Palavra.

Ousei segurar sua mão para auxiliá-lo a avançar quando as águas parecem turvas e trouxe algumas reflexões de minha jornada, experiências e pensamentos. Leia este livro e encha-se de alegria, assim como Jesus encheu a rede de Pedro naquele dia.

Saboreie estas passagens escolhidas, em que a força divina se faz presente, e tente mais uma vez, mesmo que esteja cansado, triste e que tudo pareça difícil.

Reforce toda a sua fé e a sua energia, banhando-se nas águas límpidas do Evangelho, mas leia dizendo: vou jogar a rede e não vou desistir por causa da Tua Palavra, Jesus.

CONFIANÇA

Mt 4,12-17.23-25

Atividades na Galileia

12. Quando, pois, Jesus ouviu que João fora preso, retirou-se para a Galileia. **13.** Deixando a cidade de Nazaré, foi habitar em Cafarnaum, à margem do lago, nos confins de Zabulon e Neftali, **14.** para que se cumprisse o que foi dito pelo profeta Isaías: **15.** A terra de Zabulon e de Neftali, região vizinha ao mar, a terra além do Jordão, a Galileia dos gentios, **16.** este povo, que jazia nas trevas, viu resplandecer uma grande luz; e surgiu uma aurora para os que jaziam na região sombria da morte (Is 9,1). **17.** Desde então, Jesus começou a pregar: Fazei penitência, pois o Reino dos céus está próximo. **23.** Jesus percorria toda a Galileia, ensinando nas suas sinagogas, pregando o Evangelho do Reino, curando todas as doenças e enfermidades entre o povo. **24.** Sua fama espalhou-se por toda a Síria: traziam-lhe os doentes e os enfermos, os possessos, os lunáticos, os paralíticos. E ele curava a todos. **25.** Grandes multidões acompanharam-no da Galileia, da Decápole, de Jerusalém, da Judeia e dos países do outro lado do Jordão.

Enxergar longe

A cura mais difícil é a que acontece em nosso coração: quando somos curados do nosso egoísmo, do nosso orgulho, do nosso ódio, da nossa empáfia, da nossa língua grande, de todas as coisas que nos dificultam viver o nosso dia a dia. É essa cura que nós devemos buscar em Jesus e que nos promove uma transformação. As curas físicas se fazem quando tomamos remédio e quando evitamos o florescimento de doenças emocionais.

Hoje, a medicina admite que grande parte das doenças físicas tem fundo emocional. Ficamos doentes fisicamente porque não conseguimos perdoar alguém que nos tenha prejudicado, ou quando nos reprimimos e guardamos ressentimentos por algo que aconteceu há muito tempo e ficamos repetindo processos ruins. Ressentimento significa "re-sentir", sentir de novo. Quer doença pior que isso? Sentir de novo aquele sentimento que nos impede de ser felizes?

A outra parte do Evangelho diz respeito a seguir Jesus. Isso significa colocar aos Seus pés nossos pecados, nossos ressentimentos, e seguir Sua Palavra. É buscar Seu apoio, Seus ensinamentos, e praticá-los diariamente. Há pessoas que só se lembram d'Ele quando precisam de algo: quando os negócios não vão bem ou quando aparece uma doença. Não é preciso pensar muito para concluir que, agindo assim, tornamo-nos interesseiros. Se criticamos socialmente pessoas que se aproximam de outras apenas quando isso lhes convém, como poderíamos achar que agir assim com o Cristo pode ser bom?

É preciso também estar atento ao tempo das coisas e às questões que não podem ser alteradas. Seguir Jesus não é pensar n'Ele como um empregado nosso. Muitas vezes queremos passar à frente de Jesus e comandar a direção, o caminho. Todavia, é Ele que tem de ir à nossa frente para que possamos segui-Lo. Seguir Jesus é deixar tudo para trás, mesmo tendo de passar por alguma dificuldade – que, aos nossos olhos, é uma dificuldade, mas, para Jesus, é o melhor caminho para nós, porque só Ele tem uma visão longa. Quantas vezes uma estrada difícil não nos leva a ampliar nossa compreensão? Confie: Ele sabe qual a melhor direção a seguir. **(Ver Mc 1,14-15; Lc 4,14-15; Mc 1,39; Lc 4,44.6,17-19.)**

Mt 28,8-15

A ressurreição

8. Elas se afastaram prontamente do túmulo com certo receio, mas ao
mesmo tempo com alegria, e correram a dar a boa-nova aos discípulos.
9. Nesse momento, Jesus apresentou-se diante delas e disse-lhes: Salve!
Aproximaram-se elas e, prostradas diante dele, beijaram-lhe os pés. **10.**
Disse-lhes Jesus: Não temais! Ide dizer aos meus irmãos que se dirijam à
Galileia, pois é lá que eles me verão. **11.** Enquanto elas voltavam, alguns
homens da guarda já estavam na cidade para anunciar o acontecimento
aos príncipes dos sacerdotes. **12.** Reuniram-se estes em conselho com os
anciãos. Deram aos soldados uma importante soma de dinheiro, orde-
nando-lhes: **13.** Vós direis que seus discípulos vieram retirá-lo à noite,
enquanto dormíeis. **14.** Se o governador vier a sabê-lo, nós o acalmare-
mos e vos tiraremos de dificuldades. **15.** Os soldados receberam o
dinheiro e seguiram suas instruções. E esta versão é ainda hoje espalhada
entre os judeus.

A ESSÊNCIA DO EVANGELHO

Aqui Jesus coloca três imperativos:

- Alegrai-vos, porque Ele ressuscitou.
- Não tenhais medo.
- Anunciai, Ele ressuscitou.

Seja *alegre*, pois encontrar Jesus nos faz verdadeiramente alegres; seja *confiante*, pois quem O encontrou não tem medo de nada e supera tudo; e leve aos outros a boa-nova: Jesus ressuscitou. Está aí a essência do Evangelho: alegria, confiança e o anúncio da boa notícia da Salvação. **(Ver Mc 16,1-8; Lc 24,1-12; Jn 20,1.11-18.)**

Mc 6,53-56

Curas em Genesaré

53. Navegaram para o outro lado e chegaram à região de Genesaré, onde aportaram. **54.** Assim que saíram da barca, o povo o reconheceu. **55.** Percorrendo toda aquela região, começaram a levar, em leitos, os que padeciam de algum mal, para o lugar onde ouviam dizer que ele se encontrava. **56.** Onde quer que ele entrasse, fosse nas aldeias ou nos povoados, ou nas cidades, punham os enfermos nas ruas e pediam-lhe que os deixassem tocar ao menos na orla de suas vestes. E todos os que tocavam em Jesus ficavam sãos.

DEIXAR-SE TOCAR

O Evangelho fala do "toque especial" que Jesus tinha. No entanto, não se tratava de mágica. Tocar Jesus é muito mais do que simplesmente tocar. É mais profundo. São dois movimentos: deixar-se tocar por Ele e tocá-Lo, fazendo com que Ele viva em mim e eu possa viver dentro d'Ele.

Deixar-se tocar por Jesus é experimentar Jesus. Precisamos fazer com que Ele se torne na nossa vida algo de todos os dias, seja na dor ou na alegria. É buscá-lo em todos os momentos, em todos os lugares, em todas as pessoas. Isso é experimentar Jesus.

Ao participarmos da Eucaristia, experimentamos Jesus profundamente. Comungar é viver nele. Ao nos solidarizarmos com outro em sua dor doando o nosso tempo e o nosso ombro para que possa chorar, aliviando a sua angústia, estamos experimentando Jesus sofredor. Buscar Jesus nos sacramentos e nos acontecimentos da vida é fazê-Lo viver em nós. Como dizia São Paulo: "Não sou eu mais que vivo, é Ele que vive em mim". Isso é profundo: é passar a ter os mesmos sentimentos d'Ele. Assim, as minhas atitudes e o meu modo de ser passarão a ser diferentes.

O segundo movimento é tocar o Senhor. Devo tomar a iniciativa e ir ao encontro d'Ele. Não desistir jamais de Seu amor nem de Seu caminho. Mesmo que o caminho seja de desafios e dificuldades, irei até Ele para que encontre a verdadeira felicidade. São tantos obstáculos em nossa vida que às vezes pensamos em desistir, mas é nesse momento que é hora de continuar. Procure o Senhor que se deixa encontrar e toque-O para que sua vida seja tocada pelo amor e pela esperança.

Jesus está aí para ser tocado, para se deixar tocar. Vamos tocar Jesus e deixar que Ele nos toque. (Ver Mt 14,34-36.)

Mc 8,11-13

Pedido de um sinal

11. Vieram os fariseus e puseram-se a disputar com ele e pediram-lhe um sinal do céu, para pô-lo à prova. **12.** Jesus, porém, suspirando no seu coração, disse: Por que pede esta geração um sinal? Em verdade vos digo: jamais lhe será dado um sinal. **13.** Deixou-os e seguiu de barca para a outra margem.

Quem ama não pede prova

Quando vendemos algo e não estamos bem certos de receber ou não daquela pessoa, geralmente pedimos um sinal, isto é, um adiantamento ou uma parcela do pagamento para garantir que não teremos prejuízo. Pedimos esse sinal quando não se confia muito na pessoa. Se pediram um sinal a Jesus, é porque também não confiavam plenamente n'Ele.

E você pede sinais a Deus?

Quem ama não pede prova nem sinais. Quando temos amor verdadeiro, não precisamos de prova. Nem sequer desconfiamos. Se não existir entrega, não existe amor verdadeiro. É uma condição básica para tudo funcionar. No entanto, para agir assim é preciso ser verdadeiro com Deus, consigo e com o outro.

Temos de nos entregar a Deus plenamente e não precisamos pedir prova ou sinal, porque Deus não precisa nos provar nada. A maior prova, o maior sinal, ele já nos deu: morreu na cruz e ressuscitou por amor, um amor infinito. Quem somos nós para pedir prova ou sinais ao Senhor?

De graça o Senhor nos dará. Deus proverá as coisas no tempo certo. E é preciso entender que o tempo de Deus não é o nosso tempo. Espera e confia, pois o Senhor não decepciona seus filhos. **(Ver Mt 12,38-39.16,1-4; Lc 11,16-29.12,54-56.)**

Lc 4,16-30

Pregação em Nazaré

16. Dirigiu-se a Nazaré, onde se havia criado. Entrou na sinagoga em dia de
sábado, segundo o seu costume, e levantou-se para ler. **17.** Foi-lhe dado o
livro do profeta Isaías. Desenrolando o livro, escolheu a passagem onde
está escrito (61,1s.): **18.** O Espírito do Senhor está sobre mim, porque me
ungiu; e enviou-me para anunciar a boa-nova aos pobres, para sarar os
contritos de coração, **19.** para anunciar aos cativos a redenção, aos cegos
a restauração da vista, para pôr em liberdade os cativos, para publicar o
ano da graça do Senhor. **20.** E enrolando o livro, deu-o ao ministro e sen-
tou-se; todos quantos estavam na sinagoga tinham os olhos fixos nele. **21.**
Ele começou a dizer-lhes: Hoje se cumpriu este oráculo que vós acabais de
ouvir. **22.** Todos lhe davam testemunho e se admiravam das palavras de
graça, que procediam da sua boca, e diziam: Não é este o filho de José? **23.**
Então lhes disse: Sem dúvida me citareis este provérbio: Médico, cura-te a

ti mesmo; todas as maravilhas que fizeste em Cafarnaum, segundo ouvi-
mos dizer, faze-o também aqui na tua pátria. **24.** E acrescentou: Em ver-
dade vos digo: nenhum profeta é bem-aceito na sua pátria. **25.** Em
verdade vos digo: muitas viúvas havia em Israel, no tempo de Elias, quando
se fechou o céu por três anos e meio e houve grande fome por toda a terra;
26. mas a nenhuma delas foi mandado Elias, senão a uma viúva em
Sarepta, na Sidônia. **27.** Igualmente havia muitos leprosos em Israel, no
tempo do profeta Eliseu; mas nenhum deles foi limpo, senão o sírio
Naamã. **28.** A estas palavras, encheram-se todos de cólera na sinagoga. **29.**
Levantaram-se e lançaram-no fora da cidade; e conduziram-no até o alto
do monte sobre o qual estava construída a sua cidade, e queriam preci-
pitá-lo dali abaixo. **30.** Ele, porém, passou por entre eles e retirou-se.

A CONFIANÇA

Jesus apresenta seu projeto de vida, de amor e é recebido com oposição. Não querem aceitar aquilo que Jesus oferece e o expulsam de lá. Não confiam em Jesus. Têm muitos preconceitos: "imagina, o filho do carpinteiro; se fosse um profeta, um sacerdote, tudo bem, mas filho de José e de Maria...". Assim, impedem que Jesus faça as curas em sua terra. Os milagres e as curas só acontecem quando estamos dispostos ao milagre, à graça. E aquele povo não estava disposto, aberto para receber Jesus, porque não confiava.

Por que santo de casa não faz milagres? Porque temos o costume de não confiar em quem está próximo de nós. No dia a dia, se preciso de um psicólogo, um médico, mesmo tendo um especialista por perto, prefiro procurar um bem longe. Por quê? Nós não confiamos, colocamos entre nós vários obstáculos, vários preconceitos que não nos deixam enxergar os valores daqueles que caminham ao nosso lado. Aquele povo fazia o mesmo.

Não basta estar próximo de Jesus, temos de ter confiança em Jesus, temos de nos entregar a Deus, ou a graça não acontece em nossa vida.

Hoje, quando a fé exige um pouco de nós ou estamos passando por alguma dificuldade em que nossa fé é posta à prova, muitas vezes nos esquecemos d'Ele. Rezamos, rezamos e não somos de pronto atendidos. E então nos afastamos de Jesus justamente no momento em que mais precisamos tê-Lo em nosso coração. O tempo de Jesus não é o nosso tempo. Precisamos ter fé e confiar.

Quando aquele povo diz que deveria jogá-Lo no precipício, o que Jesus faz? Foge? Não. Ele passa no meio deles e continua seu caminho, não dando a mínima importância para o que achavam d'Ele. Fez isso com a confiança de que estava a serviço de Deus e com a serenidade capaz de aplacar uma multidão em fúria. Nada impedia Jesus, nem a indiferença de seus compatriotas nem a ira daqueles que queriam jogá-Lo no precipício. Ele passa por eles e continua seu caminho.

Muitas vezes, querem impedir o nosso caminho com a oposição aos nossos projetos e até mesmo com ódio tentando nos empurrar para o buraco. Se isso acontecer em sua vida, faça como Jesus: passe no meio deles e continue seu caminho. Caminhe com a confiança de quem espera em Deus e com a certeza de que não será jamais abandonado por Ele. Não deixe que nada interrompa o seu caminho e os seus sonhos.

Não tenha vergonha de proclamar a palavra do Cristo e passar no meio daqueles que nos rejeitam. **(Ver Mt 13,54-58; Mc 6,1-6.)**

Lc 5,1-11

Vocação dos primeiros discípulos

1. Estando Jesus um dia à margem do lago de Genesaré, o povo se comprimia em redor dele para ouvir a palavra de Deus. **2.** Vendo duas barcas estacionadas à beira do lago — pois os pescadores haviam descido delas para consertar as redes —, **3.** subiu a uma das barcas que era de Simão e pediu-lhe que a afastasse um pouco da terra; e sentado, ensinava da barca o povo. **4.** Quando acabou de falar, disse a Simão: Faze-te ao largo, e lançai as vossas redes para pescar. **5.** Simão respondeu-lhe: Mestre, trabalhamos a noite inteira e nada apanhamos; mas por causa de tua palavra, lançarei a rede. **6.** Feito isto, apanharam peixes em tanta quantidade, que a rede se lhes rompia. **7.** Acenaram aos companheiros, que estavam na outra barca, para que viessem ajudar. Eles vieram e encheram ambas as barcas, de modo que quase iam ao fundo. **8.** Vendo isso, Simão Pedro caiu aos pés de Jesus e exclamou: Retira-te de mim, Senhor, porque sou um homem pecador. **9.** É que tanto ele como seus companheiros estavam assombrados por causa da pesca que haviam feito. **10.** O mesmo acontecera a Tiago e João, filhos de Zebedeu, que eram seus companheiros. Então Jesus disse a Simão: Não temas; doravante serás pescador de homens. **11.** E atracando as barcas à terra, deixaram tudo e o seguiram.

"Por causa da Tua palavra"

Observe a atitude de Pedro e dos pescadores quando Jesus pede que lancem as redes ao mar: "em atenção à Tua palavra, porque o Senhor está pedindo, nós vamos lançar as redes. Seja feita a Tua vontade, não a nossa, embora estejamos muito cansados porque passamos a noite toda tentando pescar e nada conseguimos". Veja que sabedoria daqueles simples pescadores. Souberam ouvir a palavra de Jesus e a puseram em prática sem questionar.

Assim também tem de ser a nossa vida: temos de fazer a vontade de Deus. No entanto, insistimos na nossa vontade, não deixamos Deus agir em nós. Falta-nos a disposição de fazer o que a palavra de Deus nos pede. Nossa vontade diante de um obstáculo é ir embora e abandonar tudo. Não podemos deixar o cansaço nos impedir de dar atenção à palavra de Deus e fazer a Sua vontade, porque Ele sabe o que é melhor para nós, embora pensemos justamente o contrário.

Pense nisso. Perceba como a fé se junta à perseverança para que sua vida seja sempre iluminada. **(Ver Mt 4,18-22; Mc 1,16-20; Jn 21,1-11.)**

Lc 11,1-4

O Pai-Nosso

1. Um dia, num certo lugar, estava Jesus a rezar. Terminando a oração, disse-lhe um de seus discípulos: Senhor, ensina-nos a rezar, como também João ensinou a seus discípulos. **2.** Disse-lhes ele, então: Quando orardes, dizei: Pai, santificado seja o vosso nome; venha o vosso Reino; **3.** dai-nos hoje o pão necessário ao nosso sustento; **4.** perdoai-nos os nossos pecados, pois também nós perdoamos àqueles que nos ofenderam; e não nos deixeis cair em tentação.

A ENTREGA

Devemos observar duas coisas importantes nessa passagem. Uma é o pedido que os apóstolos fazem a Jesus: "ensina-nos a rezar". Às vezes, somos tão orgulhosos que achamos que já sabemos rezar. Precisamos nos esvaziar de toda a nossa arrogância e pedir humildemente a Jesus que nos ensine a rezar. Quando nossa oração é egoísta, centrada somente em nós, sem olhar os que estão ao nosso redor, ensina-nos a rezar. Quando nossa oração estiver cheia de palavras e pouca sinceridade, ensina-nos a rezar. Quando nossa oração for muito materialista, ensina-nos a rezar. Jesus é o mestre da oração, por isso, somente Ele pode nos ensinar a rezar com um coração voltado para Deus.

Outro ponto importante: eu não posso chegar diante de Deus com uma lista enorme de pedidos, mas vazio, para que Deus faça de mim aquilo que Ele sabe que é melhor. Devo esvaziar-me dos meus preconceitos, das minhas arrogâncias e da minha autossuficiência. Assim deve ser o meu jeito de rezar. Eu tenho de saber que não posso nada, que Deus é que pode tudo. Quanto mais vazio, melhor, para que Deus possa preencher com a sua graça. Saber o que pedir e confiar nesse pedido é a chave para a sua realização. **(Ver Mt 6,9-13.)**

Lc 11,29-32

O sinal de Jonas

29. Afluía o povo e ele continuou: Esta geração é uma geração perversa; pede um sinal, mas não se lhe dará outro sinal senão o sinal do profeta Jonas. **30.** Pois, como Jonas foi um sinal para os ninivitas, assim o Filho do Homem o será para esta geração. **31.** A rainha do meio-dia levantar-se-á no dia do juízo para condenar os homens desta geração, porque ela veio dos confins da terra ouvir a sabedoria de Salomão! Ora, aqui está quem é mais que Salomão. **32.** Os ninivitas levantar-se-ão no dia do juízo para condenar os homens desta geração, porque fizeram penitência com a pregação de Jonas. Ora, aqui está quem é mais do que Jonas.

O BEM SUPREMO

Quando temos um relacionamento de confiança com alguém, não precisamos exigir nenhum sinal. Da mesma forma deve ser o nosso relacionamento com Deus. Não precisamos buscar nenhum outro sinal, porque o maior sinal já nos foi dado: a cruz. Quando se confia, nenhuma prova é necessária. Se peço um sinal é porque não confio, não acredito, não tenho uma fé madura. O que nós queremos mais de Deus? Quer sinal maior que nos amar até o fim, até a morte na cruz?

Precisamos caminhar na fé e na entrega. Quando dependemos de um sinal para que as coisas aconteçam é porque estamos indecisos, não confiantes naquilo em que estamos trabalhando. Devemos ter sensibilidade e observar os caminhos que se abrem para nós a cada momento, e aproveitá-los, pois eles são enviados por Deus. Ao mesmo tempo, devemos evitar a tentação de que algo mágico aconteça para que saiamos de nossa inércia. Na dúvida, devemos estar sempre semeando, trabalhando, lutando para que as boas coisas aconteçam. E, se confiarmos, o que nos for de direito virá naturalmente.

Por que ainda não nos conscientizamos disso e não mudamos o curso da nossa vida? Considere em sua vida aquilo que diz São Paulo na carta aos Filipenses, 3,7-8: "Mas tudo isso, que para mim eram vantagens, considerei perda por Cristo. Na verdade, julgo como perda todas as coisas, em comparação com esse bem supremo: o conhecimento de Jesus Cristo, meu Senhor. Por ele tudo desprezei e tenho em conta de esterco, a fim de ganhar Cristo" **(Ver Mt 12,38-42.)**

Lc 14,25-33

O preço de seguir Jesus

25. Muito povo acompanhava Jesus. Voltando-se, disse-lhes: **26.** Se
alguém vem a mim e não odeia seu pai, sua mãe, sua mulher, seus filhos,
seus irmãos, suas irmãs e até a sua própria vida, não pode ser meu discí-
pulo. **27.** E quem não carrega a sua cruz e me segue, não pode ser meu
discípulo. **28.** Quem de vós, querendo fazer uma construção, antes não
se senta para calcular os gastos que são necessários, a fim de ver se tem
com que acabá-la? **29.** Para que, depois que tiver lançado os alicerces e
não puder acabá-la, todos os que o virem não comecem a zombar dele,
30. dizendo: Este homem principiou a edificar, mas não pode terminar.
31. Ou qual é o rei que, estando para guerrear com outro rei, não se
senta primeiro para considerar se com dez mil homens poderá enfrentar
o que vem contra ele com vinte mil? **32.** De outra maneira, quando o

outro ainda está longe, envia-lhe embaixadores para tratar da paz. **33.** Assim, pois, qualquer um de vós que não renuncia a tudo o que possui não pode ser meu discípulo.

Dar prioridade

Tenho certeza de que você se assustou quando leu esse trecho do Evangelho em que Jesus pede para odiar pai, mãe e irmãos. É claro que Ele não está propondo o ódio, mas usando uma figura de linguagem chamada hipérbole, que é um exagero empregado na linguagem para reforçar a mensagem. A expressão "morrer de rir" é uma hipérbole, pois ninguém morre ao dar uma risada. Assim, Jesus queria evidenciar a prioridade do seguimento. Quando Jesus diz para deixar pai, mãe e sua própria vida para segui-lo, está querendo dizer que devemos colocar as coisas de Deus em primeiro plano. Os meus bens não podem estar no lugar de Deus, não posso ficar idolatrando o que tenho. Tudo o que tenho é para pôr a serviço de Deus, para servir ao outro, e não para ser escravo das coisas materiais. É claro que Jesus não quer que ninguém abandone pai, mãe e irmãos, mas indicou aqui a prioridade das coisas. E isso está na raiz de qualquer boa realização. Colocar os ensinamentos do Cristo em prática promove uma organização pessoal capaz de favorecer as atividades que você se dispõe a realizar. Sabe aquela sensação de que, quando estamos com Deus, uma confiança tamanha nos invade? É porque estamos prontos, no caminho certo e preparado por Deus.

Muitas vezes, quando estamos passando por algum sofrimento, nossa primeira atitude é de indignação e perguntamos: "Por que comigo?". Nessa vida, o sofrimento é inevitável, mas é sempre passageiro e vai me levar a algum lugar melhor: ou vai me purificar ou vai me fazer tomar consciência de que minha maneira de ser não está correta. Todavia, não podemos esquecer que "depois do sofrimento sempre vem o que é bom". Isso não é apenas um ditado. Afinal, quando você passa por uma situação, você se torna mais forte, mais preparado, de modo que, outras vezes que situações assim acontecerem, elas não tirarão a sua paz.

O sofrimento não quer dizer que Deus nos abandonou. O que Ele quer é que você acorde enquanto é tempo. Faça um exame de consciência e veja se não foi você mesmo quem procurou o sofrimento. Note que Jesus diz: "quem não carrega a sua cruz e não caminha atrás de mim não pode ser meu discípulo". Perceba a ordem da caminhada: Jesus vai à frente e eu devo ir atrás. Infelizmente, nós queremos o contrário: queremos ir à frente e pedimos a Deus, como se Ele fosse nosso servo, para ir atrás de nós. Não há como exigir que Deus nos atenda se somos nós quem assumimos o comando e deixamos o Senhor como mero grumete do barco da nossa vida. É Ele que nos conduz, é Ele quem vai à frente, mesmo que o caminho que nos faça passar seja o do sofrimento – e, se assim o for, algo muito bom está nos esperando, pois o Senhor nunca nos decepciona. **(Ver Mt 10,34-39; Mc 8,34-35.)**

Lc 19,11-28

O dinheiro com juros

11. Ouviam-no falar. E como estava perto de Jerusalém, alguns se per-
suadiam de que o Reino de Deus se havia de manifestar brevemente; ele
acrescentou esta parábola: **12.** Um homem ilustre foi para um país dis-
tante, a fim de ser investido da realeza e depois regressar. **13.** Chamou
dez dos seus servos e deu-lhes dez moedas de ouro, dizendo-lhes: Nego-
ciai até eu voltar. **14.** Mas os homens daquela região odiavam-no e
enviaram atrás dele embaixadores, para protestarem: Não queremos
que ele reine sobre nós. **15.** Quando, investido da dignidade real, voltou,
mandou chamar os servos a quem confiara o dinheiro, a fim de saber
quanto cada um tinha lucrado. **16.** Veio o primeiro: Senhor, a tua moeda
de ouro rendeu dez outras moedas de ouro. **17.** Ele lhe disse: Muito bem,
servo bom; porque foste fiel nas coisas pequenas, receberás o governo
de dez cidades. **18.** Veio o segundo: Senhor, a tua moeda de ouro rendeu
cinco outras moedas de ouro. **19.** Disse a este: Sê também tu governador
de cinco cidades. **20.** Veio também o outro: Senhor, aqui tens a tua
moeda de ouro, que guardei embrulhada num lenço; **21.** pois tive medo
de ti, por seres homem rigoroso, que tiras o que não puseste e ceifas o
que não semeaste. **22.** Replicou-lhe ele: Servo mau, pelas tuas palavras te
julgo. Sabias que sou rigoroso, que tiro o que não depositei e ceifo o que
não semeei... **23.** Por que, pois, não puseste o meu dinheiro num banco?
Na minha volta, eu o teria retirado com juros. **24.** E disse aos que esta-
vam presentes: Tirai-lhe a moeda de ouro, e dai-a ao que tem dez moe-
das de ouro. **25.** Replicaram-lhe: Senhor, este já tem dez moedas de
ouro!... **26.** Eu vos declaro: a todo aquele que tiver, dar-se-lhe-á; mas, ao
que não tiver, ser-lhe-á tirado até o que tem. **27.** Quanto aos que me
odeiam, e que não me quiseram por rei, trazei-os e massacrai-os na
minha presença. **28.** Depois destas palavras, Jesus os foi precedendo no
caminho que sobe a Jerusalém.

OPORTUNIDADES PERDIDAS POR MEDO E PRECONCEITO

O medo paralisa as pessoas. O medo não deixa agir. Deixa a pessoa no mesmo lugar, incapaz de arriscar. Quem tem medo não confia, não se coloca a serviço de Deus. O medo é para os fracos.

O preconceituoso faz uma imagem distorcida do outro, por isso deixa de agir e acaba perdendo.

Nessa parábola, o erro se encontra no medo e no preconceito.

Os dois primeiros foram corajosos e arriscaram. Fizeram as moedas de ouro render dez, cinco vezes mais. Não tendo medo vamos mais longe e tudo prospera. Do contrário ficamos parados e, com medo, embrulhamos a moeda no lenço da nossa inércia. Essa moeda ficará ali sem render e sem mudar a minha vida.

Outro erro é o preconceito. Ninguém havia dito que aquele senhor seria mau ou rigoroso, mas, de forma preconceituosa, ele intuiu que ele assim o fosse. Sem conhecer profundamente o seu senhor, ele se deixa levar pelo que os outros dizem e não faz a sua moeda render mais.

Não fazemos assim também em nossa vida? Deixamos de abraçar as oportunidades por medo e preconceito. Evitamos o risco porque somos medrosos ou não agimos porque pensamos que o outro é aquilo que acreditamos que ele seja, mesmo sem conhecê-lo profundamente. Quem confia em Deus não tem medo e faz a moeda da sua vida render mais. Quem confia em Deus não cria fantasmas pensando que tudo vai dar errado, pelo contrário, tem a certeza de que tudo vai dar certo.

Jo 6,22-29

Reencontro em Cafarnaum

22. No dia seguinte, a multidão que tinha ficado do outro lado do mar
percebeu que Jesus não tinha subido com seus discípulos na única barca
que lá estava, mas que eles tinham partido sozinhos. **23.** Nesse meio-
-tempo, outras barcas chegaram de Tiberíades, perto do lugar onde tinham
comido o pão, depois de o Senhor ter dado graças. **24.** E, reparando a mul-
tidão que nem Jesus nem os seus discípulos estavam ali, entrou nas barcas
e foi até Cafarnaum à sua procura. **25.** Encontrando-o na outra margem do
lago, perguntaram-lhe: Mestre, quando chegaste aqui? **26.** Respondeu-lhes
Jesus: Em verdade, em verdade vos digo: buscais-me, não porque vistes os
milagres, mas porque comestes dos pães e ficastes fartos. **27.** Trabalhai, não
pela comida que perece, mas pela que dura até a vida eterna, que o Filho do
Homem vos dará. Pois nele Deus Pai imprimiu o seu sinal. **28.** Pergunta-
ram-lhe: Que faremos para praticar as obras de Deus? **29.** Respondeu-lhes
Jesus: A obra de Deus é esta: que creiais naquele que ele enviou.

Buscai o Reino de Deus

Jesus pergunta à multidão qual era o interesse deles: se era pelo pão que comeram ou se era pela Palavra que escutaram. Se eles procuravam somente pelo pão, não precisavam de Jesus, que procurassem então uma padaria. No entanto, se procuravam além do pão – Aquele que deu sentido às suas vidas e alimentou não o corpo, mas suas almas e seus anseios –, ali estava Jesus. Aqui, Jesus deixa bem claro que devemos entrar em contato íntimo com Deus para que nossa vida se transforme em amor, fraternidade e justiça.

Nós temos a tendência de recorrer a Deus apenas quando precisamos de um milagre, quando precisamos resolver algo. Deus se torna um fazedor de milagres e não o meu Senhor que preenche minha vida. Passamos a exigir de Deus as coisas segundo o nosso tempo e a nossa vontade e, então, invertemos a relação. Ao invés de eu servir a Deus, é Ele que passa a me servir. Manter um relacionamento de amor e entrega com Deus é fazer morada em seu coração, assim percebemos que o que necessitamos vem naturalmente, pois é Jesus mesmo que nos garante: "Buscai primeiramente o Reino de Deus e sua Justiça e todas as coisas vos serão acrescentadas". Nos momentos mais difíceis, não deixe sua fé esmorecer. Confie.

Lc 2,22-40

Apresentação no Templo

22. Concluídos os dias da sua purificação segundo a Lei de Moisés, leva-
ram-no a Jerusalém para o apresentar ao Senhor, **23.** conforme o que
está escrito na lei do Senhor: Todo primogênito do sexo masculino será
consagrado ao Senhor (Ex 13,2); **24.** e para oferecerem o sacrifício pres-
crito pela lei do Senhor, um par de rolas ou dois pombinhos. **25.** Ora,
havia em Jerusalém um homem chamado Simeão. Este homem, justo e
piedoso, esperava a consolação de Israel, e o Espírito Santo estava nele.
26. Fora-lhe revelado pelo Espírito Santo que não morreria sem pri-
meiro ver o Cristo do Senhor. **27.** Impelido pelo Espírito Santo, foi ao
templo. E tendo os pais apresentado o menino Jesus, para cumprirem a
respeito dele os preceitos da lei, **28.** tomou-o em seus braços e louvou a
Deus nestes termos: **29.** Agora, Senhor, deixai o vosso servo ir em paz,

segundo a vossa palavra. **30.** Porque os meus olhos viram a vossa salvação **31.** que preparastes diante de todos os povos, **32.** como luz para iluminar as nações, e para a glória de vosso povo de Israel. **33.** Seu pai e sua mãe estavam admirados das coisas que dele se diziam. **34.** Simeão abençoou-os e disse a Maria, sua mãe: Eis que este menino está destinado a ser uma causa de queda e de soerguimento para muitos homens em Israel, e a ser um sinal que provocará contradições, **35.** a fim de serem revelados os pensamentos de muitos corações. E uma espada transpassará a tua alma. **36.** Havia também uma profetisa chamada Ana, filha de Fanuel, da tribo de Aser; era de idade avançada. **37.** Depois de ter vivido sete anos com seu marido desde a sua virgindade, ficara viúva, e agora com oitenta e quatro anos não se apartava do templo, servindo a Deus noite e dia em jejuns e orações. **38.** Chegando ela à mesma hora, louvava a Deus e falava de Jesus a todos aqueles que em Jerusalém esperavam a libertação. **39.** Após terem observado tudo segundo a lei do Senhor, voltaram para a Galileia, à sua cidade de Nazaré. **40.** O menino ia crescendo e se fortificava: estava cheio de sabedoria, e a graça de Deus repousava nele.

Jesus é a luz e eu devo refleti-la

Na Lei de Moisés era necessário apresentar o primogênito ao templo para a purificação. Se nascesse homem, teria de ser apresentado no oitavo dia e, se fosse mulher, no quadragésimo dia. Quando Maria e José apresentam Jesus no Templo, eles fazem uma oferta. Oferecem Jesus para o mundo. Assim, Jesus deixa de ser deles e passa a ser do mundo.

Em dois momentos Maria oferece seu filho para a humanidade: quando o leva ao Templo e diante da cruz. É como se ela dissesse: "Ele não é mais meu, é de vocês". Ora, Jesus é apresentado não só no Templo de Jerusalém. Nesse gesto, Jesus é apresentado a todos nós. Às vezes nos comportamos como se Jesus fosse um estranho, como se não conhecêssemos Sua vida, Seus ensinamentos e muito menos Sua proposta. Então, é tempo de Ele ser apresentado a nós. Mais que isso, é preciso que aqueles que já conhecem Jesus o apresentem para o mundo a fim de não deixar que essa "apresentação" de Jesus se mantenha aprisionada na História há dois mil anos.

Naquele momento, no Templo, Jesus também nos é apresentado como luz. Simeão diz: "esse menino é luz do mundo", e recita um cântico de alegria, porque só ele percebe, reconhece e entende que Jesus é essa luz do mundo.

Não existe outra luz a não ser Jesus. Devemos reconhecê-Lo no nosso dia a dia, porque Ele nos é apresentado a cada instante, a cada minuto, e muitas vezes não conseguimos reconhecê-Lo.

Sempre que você se sentir na escuridão, sem rumo e perdido, procure Jesus, porque Ele é quem pode iluminar o seu caminho. Sabe quando temos um problema que nos parece insolúvel e que dizemos que não vemos a luz no fim do túnel? Pois a luz no fim do túnel é Jesus. E Ele não está no fim do túnel, está bem perto e você não percebe. Tentar resolver sozinho, desesperar-se e agir no calor da hora raramente pode ser útil. Pare, faça uma oração, mas se entregue de verdade. Procure fazer com paz e calma, com a fé da certeza de que Ele pode ajudar você. Maria o ofereceu ao mundo para que pudéssemos ser banhados pela luz.

E depois de experimentar essa graça, devemos nos tornar multiplicadores e levar a verdadeira luz para as pessoas. Devemos ser iluminadores. Jesus nos ilumina e nós iluminamos os outros. Devemos refletir em nós a luz que é Jesus.

Lc 4,24-30

Pregação em Nazaré

24. E acrescentou: Em verdade vos digo: nenhum profeta é bem-aceito
na sua pátria. **25.** Em verdade vos digo: muitas viúvas havia em Israel, no
tempo de Elias, quando se fechou o céu por três anos e meio e houve
grande fome por toda a terra; **26.** mas a nenhuma delas foi mandado
Elias, senão a uma viúva em Sarepta, na Sidônia. **27.** Igualmente havia
muitos leprosos em Israel, no tempo do profeta Eliseu; mas nenhum
deles foi limpo, senão o sírio Naamã. **28.** A estas palavras, encheram-se
todos de cólera na sinagoga. **29.** Levantaram-se e lançaram-no fora da
cidade; e conduziram-no até o alto do monte sobre o qual estava cons-
truída a sua cidade, e queriam precipitá-lo dali abaixo. **30.** Ele, porém,
passou por entre eles e retirou-se.

Queremos que Jesus entre?

Quando Jesus toca na ferida daquele povo, eles O expulsam da cidade. Nós também fazemos isso com Jesus de várias maneiras. Quando a palavra d'Ele exige de nós uma mudança de comportamento, preferimos expulsá-lo de nossa vida. Quando sua proposta exige de nós alguma renúncia ou quando o Seu caminho é um caminho de desafios, deixamos Jesus de lado e O colocamos fora da nossa vida. Infelizmente, quando passamos por uma situação difícil, que prova a nossa fé e nos desesperamos, expulsamos Jesus do nosso coração.

Concordo que seguir Jesus é, às vezes, difícil, mas é um caminho seguro que nos levará à felicidade. Sei que muitas vezes não conseguimos compreender por que estamos passando por determinada situação ou aonde Deus quer chegar permitindo que eu passe por tal provação, mas afastar-se d'Ele sempre será a pior decisão. Quando o sofrimento aumenta é que devemos procurar estar mais perto d'Ele. Quando a dor chega ao seu limite, somente Ele poderá aliviá-la. A nossa reação diante do sofrimento pode ser semelhante à daqueles da cidade de Jesus – tentando expulsá-lo, procurando outros caminhos que não o d'Ele. Não expulse Jesus da sua vida, pelo contrário, aproxime-se mais d'Ele e deixe que Ele o conduza nesse momento de dor para que você alcance a verdadeira paz.

(Ver Mt 13,54-58; Mc 5,1-6.)

ESFORÇO

Mt 2,1-12

Os magos

1. Tendo, pois, Jesus nascido em Belém de Judá, no tempo do rei Herodes, eis que magos vieram do oriente a Jerusalém. **2.** Perguntaram eles: Onde está o rei dos judeus que acaba de nascer? Vimos a sua estrela no oriente e viemos adorá-lo. **3.** A esta notícia, o rei Herodes ficou perturbado e toda Jerusalém com ele. **4.** Convocou os príncipes dos sacerdotes e os escribas do povo e indagou deles onde havia de nascer o Cristo. **5.** Disseram-lhe: Em Belém, na Judeia, porque assim foi escrito pelo profeta: **6.** E tu, Belém, terra de Judá, não és de modo algum a menor entre as cidades de Judá, porque de ti sairá o chefe que governará Israel, meu povo (Miq 5,2). **7.** Herodes, então, chamou secretamente os magos e perguntou-lhes sobre a época exata em que o astro lhes tinha aparecido. **8.** E, enviando-os a Belém, disse: Ide e informai-vos bem a respeito do menino. Quando o tiverdes encontrado, comunicai-me, para que eu também vá adorá-lo. **9.** Tendo eles ouvido as palavras do rei, partiram. E eis que e estrela, que tinham visto no oriente, os foi precedendo até chegar sobre o lugar onde estava o menino e ali parou. **10.** A aparição daquela estrela os encheu de profunda alegria. **11.** Entrando na casa, acharam o menino com Maria, sua mãe. Prostrando-se diante dele, o adoraram. Depois, abrindo seus tesouros, ofereceram-lhe como presentes: ouro, incenso e mirra. **12.** Avisados em sonhos de não tornarem a Herodes, voltaram para sua terra por outro caminho.

Um novo caminho

Depois que os magos visitaram e adoraram Jesus, eles retornaram por outro caminho. Não apenas para não levar notícias de Jesus a Herodes, mas também pelo significado transformador daquele encontro. Note que o Evangelho evidencia "por outro caminho". Ora, quem encontra Jesus e experimenta-o em sua vida, muda o seu caminho e sua história toma outro rumo.

É isso que acontece em nossas vidas. Quando nos encontramos com Cristo, não há como voltar pelo mesmo caminho. Esse encontro tem um significado de transformação – e devemos dar sentido a essa mudança.

Não voltar pelo mesmo caminho significa mudar de atitude: passar a ver a nossa realidade com outros olhos e pensar antes de cada novo passo. Mudança de caminho pode ser passar a evitar conversas frívolas ou a decisão de parar de criticar os outros. Pode ser encerrar falsas amizades e relacionamentos em que não há uma troca justa de alegrias. Pode ser o rompimento com a injustiça e com a mentira para assumir uma postura de amor e solidariedade.

E aquela estrela de Belém que conduzia os magos até a verdadeira luz, que é Jesus? Luz que conduz à Luz. Ao encontrar a Luz, nós nos sentimos mais confiantes para seguir o caminho da realização espiritual. Passamos a ter uma nova forma de vida, cheios de confiança, tornamo-nos mais esperançosos e muito mais felizes. Que tal uma mudança agora?

Mt 5,17-19

Jesus e a nova justiça

17. Não julgueis que vim abolir a lei ou os profetas. Não vim para os abolir,
mas sim para levá-los à perfeição. **18.** Pois em verdade vos digo: passará o
céu e a terra, antes que desapareça um jota, um traço da lei. **19.** Aquele
que violar um destes mandamentos, por menor que seja, e ensinar assim
aos homens, será declarado o menor no Reino dos céus. Mas aquele que
os praticar e os ensinar será declarado grande no Reino dos céus.

Amar o próximo é fonte de vida

A vida só tem sentido quando nós amamos de verdade. Amar verdadeiramente é sentir-se feliz ao fazer tudo para que o outro seja feliz. Praticar o amor é um exercício diário e que nos revitaliza.

É da natureza humana agir como professores e indicar aos outros o que precisa ser feito, como devem agir. Mas todo ensinamento sem exemplos é vazio. Um aluno não aprende só com as palavras. Ele precisa perceber o exemplo, a prática daqueles ensinamentos por quem os indica.

Aquele que pratica o amor será grande no Reino dos Céus. Jesus nos amou até o fim para que pudéssemos ser felizes. Mais que qualquer retórica ou frase de efeito, está aí o segredo da felicidade.

Todos nós ouvimos relatos de gente que passa a dedicar parte de seu tempo a atividades com doentes em hospitais, em abrigos ou asilos. Todas essas pessoas parecem dizer a mesma coisa: que o amor dedicado aos outros as realiza. Experimente isso – nem precisa ir muito longe. No trabalho, em casa, com amigos e, claro, com todos aqueles que precisam.

Esse foi o exemplo deixado pelo Cristo para que pudéssemos seguir o Caminho.

Mt 6,1-6.16-18

A esmola, a oração e o jejum

1. Guardai-vos de fazer vossas boas obras diante dos homens, para serdes
vistos por eles. Do contrário, não tereis recompensa junto de vosso Pai que
está no céu. **2.** Quando, pois, dás esmola, não toques a trombeta diante de
ti, como fazem os hipócritas nas sinagogas e nas ruas, para serem louvados
pelos homens. Em verdade eu vos digo: já receberam sua recompensa. **3.**
Quando deres esmola, que tua mão esquerda não saiba o que fez a direita.
4. Assim, a tua esmola se fará em segredo; e teu Pai, que vê o escondido,
recompensar-te-á. **5.** Quando orardes, não façais como os hipócritas, que
gostam de orar de pé nas sinagogas e nas esquinas das ruas, para serem
vistos pelos homens. Em verdade eu vos digo: já receberam sua recompensa. **6.** Quando orares, entra no teu quarto, fecha a porta e ora ao teu
Pai em segredo; e teu Pai, que vê num lugar oculto, recompensar-te-á. **16.**

> Quando jejuardes, não tomeis um ar triste como os hipócritas, que mostram um semblante abatido para manifestar aos homens que jejuam. Em verdade eu vos digo: já receberam sua recompensa. **17.** Quando jejuares, perfuma a tua cabeça e lava o teu rosto. **18.** Assim, não parecerá aos homens que jejuas, mas somente a teu Pai que está presente ao oculto; e teu Pai, que vê num lugar oculto, recompensar-te-á.

Tempo de purificação

Quaresma é o tempo da grande preparação para a Páscoa. E nos preparamos para a Páscoa mudando nossa vida. Antigamente, a pessoa que tinha o propósito de mudar de vida, de atitude, cobria-se de cinzas. Assim, todos que a olhassem logo sabiam que ela tinha um novo propósito de vida. Por isso, a Igreja celebra após o carnaval a Quarta-Feira de Cinzas, repetindo aquele gesto que simboliza uma vontade de mudança e conversão. Se você não tem a intenção de melhorar sua relação com seu espírito e com todas as pessoas ao redor, então não busque receber as cinzas. Viver a Quaresma é buscar essa conversão.

Todos nós precisamos dar uma parada no meio de nossa caminhada. É quando tiramos férias, viajamos, descansamos. Observe como essa data tem uma função pedagógica. Fazemos uma parada no meio do caminho. Não a fazemos nem no começo nem no final do ano. São quarenta dias para um retorno a Deus. A Quaresma é esse momento propício para tirar tudo o que nos impede, que nos afasta, que nos desvia do caminho de Deus. E nós podemos marcá-la com três modos de voltar para Deus.

JEJUM – Jejuar não é ficar sem comer e se aproveitar disso para fazer dieta. Não! É ter a convicção e o propósito de ser capaz de controlar os próprios sentimentos e não ser dominado por eles, especialmente aqueles que podem nos levar a agir de modo imprudente e irracional. Desse ato do jejum, podemos extrair vários significados. O que eu deixo de comer não é mais meu, é do outro. Aí está, então, a solidariedade. Por exemplo, se eu deixo de gastar em restaurante o que eu comeria nessa Quaresma, essa importância eu posso reverter para aqueles que estão precisando de um mínimo para sobreviver. Ou pode ser ainda mais simbólico, o jejum-doação, que pode ter relação direta com qualquer gasto pessoal, e que você, nessa data, volta para o próximo. Aí está o verdadeiro sentido do jejum de alimento, que é apenas um gesto simbólico. O importante é o gesto concreto da solidariedade. O jejum tem de ser um momento profundo de relacionamento com Deus. Temos de ser realmente autênticos com Ele.

ESMOLA – Não é dar dinheiro no semáforo. Esmola é uma doação e hoje sua aplicação mais eficiente é se comprometer com uma assistência organizada, que auxilia os menos favorecidos a conquistar sua independência, ampliar os estudos e ter a possibilidade de sair da situação de miséria e violência social. Esmola é praticar as obras de caridade: vestir quem está nu, visitar o doente, ajudar quem precisa, dar comida a quem tem fome, estar ao lado de quem precisa ser consolado. Isso é realmente ajudar o outro.

ORAÇÃO – É o momento para rezar mais. E para quem poderia dizer "eu já rezo tanto", respondo: reze mais. Não me refiro aqui à repetição da prece decorada, mas usar esse tempo para voltar-se a Deus. E voltando-se para Deus, você estará voltando-se para o próximo na forma do perdão, da solidariedade, da caridade, tirando do coração tudo aquilo que traz de ressentimentos, mágoas e incompreensão.

Este trio de ações é a verdadeira Quaresma. São três práticas religiosas que nos ligam a Deus e não podem estar baseadas na hipocrisia ou no fingimento.

Mt 9,32-38

O possesso mudo

32. Logo que se foram, apresentaram-lhe um mudo, possuído do demô-
nio. **33.** O demônio foi expulso, o mudo falou e a multidão exclamava com
admiração: Jamais se viu algo semelhante em Israel. **34.** Os fariseus, porém,
diziam: É pelo príncipe dos demônios que ele expulsa os demônios. **35.**
Jesus percorria todas as cidades e aldeias. Ensinava nas sinagogas, pre-
gando o Evangelho do Reino e curando todo mal e toda enfermidade. **36.**
Vendo a multidão, ficou tomado de compaixão, porque estava enfraque-
cida e abatida como ovelhas sem pastor. **37.** Disse, então, aos seus discípu-
los: A messe é grande, mas os operários são poucos. **38.** Pedi, pois, ao
Senhor da messe que envie operários para sua messe.

A seara é grande

O filho de Deus veio ao mundo como homem para mostrar, com sua vida, que nem mesmo o Deus na Terra, pode trabalhar sozinho. A religação com Deus não é trabalho para uma só pessoa, nem só para um grupo de pessoas – o Papa, os bispos, os pastores, o clero, os ministros. Esse é um trabalho de amor para toda a Igreja. E a Igreja somos nós.

Em vez de ficar sentado esperando que outros tomem a frente, lembre-se de que, ao assumir um compromisso com o bem, esse contrato segue com você. Leve-o à sua casa, ao seu trabalho, a qualquer lugar que você for; você deve levar o mesmo comportamento consigo.

Meu dever como cristão é assumir meu papel na Igreja, e não relegá-lo aos outros. Jesus espera de cada um de nós que sejamos Sua Igreja, levando Seu amor, Suas palavras e Seus ensinamentos ao próximo, sempre. Essa é a messe (a seara) e ela é muito grande. Somos mais de seis bilhões de pessoas! Então, da próxima vez que você disser que esse mundo precisa mudar, comece por você, mudando o mundo que o cerca. **(Ver Lc 10,1-2.)**

Mt 10,1-7

A escolha dos doze

1. Jesus reuniu seus doze discípulos. Conferiu-lhes o poder de expulsar os espíritos imundos e de curar todo mal e toda enfermidade. **2.** Eis os nomes dos doze apóstolos: o primeiro, Simão, chamado Pedro; depois André, seu irmão. Tiago, filho de Zebedeu, e João, seu irmão. **3.** Filipe e Bartolomeu. Tomé e Mateus, o publicano. Tiago, filho de Alfeu, e Tadeu. **4.** Simão, o cananeu, e Judas Iscariotes, que foi o traidor. **5.** Estes são os Doze que Jesus enviou em missão, após lhes ter dado as seguintes instruções: Não ireis ao meio dos gentios nem entrareis em Samaria; **6.** ide antes às ovelhas que se perderam da casa de Israel. **7.** Por onde andardes, anunciai que o Reino dos céus está próximo.

Santificar-se primeiro

Em um momento, Jesus diz: "Ide por todo o mundo e pregai o Evangelho". Já nesta passagem, Ele fala: "Não deveis ir à terra dos pagãos nem entrar na cidade dos samaritanos! Ide, antes, às ovelhas perdidas da casa de Israel". Observe a sabedoria de Jesus ao usar o advérbio de tempo "antes".

Primeiro devemos arrumar nossa casa, devemos ter Jesus, para depois levá-Lo aos outros. Como vou convencer alguém do amor de Deus se eu mesmo não o tenho? Como vou dar ao outro algo que não tenho?

Quando Jesus orienta os apóstolos para que não entrem em território pagão, ele está dizendo para você se santificar primeiro, imbuindo-se de Deus e de amor, para depois ter a sabedoria de convencer o outro. Só podemos falar daquilo que o nosso coração está cheio. Só podemos dar ao outro aquilo que há em nós. **(Ver Mc 3,13-19; Lc 6,12-16.)**

Mt 21,28-32

Os dois filhos

28. Que vos parece? Um homem tinha dois filhos. Dirigindo-se ao primeiro, disse-lhe: – Meu filho, vai trabalhar hoje na vinha. **29.** Respondeu ele: – Não quero. Mas, em seguida, tocado de arrependimento, foi. **30.** Dirigindo-se depois ao outro, disse-lhe a mesma coisa. O filho respondeu: – Sim, pai! Mas não foi. **31.** Qual dos dois fez a vontade do pai? O primeiro, responderam-lhe. E Jesus disse-lhes: Em verdade vos digo: os publicanos e as meretrizes vos precedem no Reino de Deus! **32.** João veio a vós no caminho da justiça e não crestes nele. Os publicanos, porém, e as prostitutas creram nele. E vós, vendo isto, nem fostes tocados de arrependimento para crerdes nele.

O AMOR PELAS ATITUDES

O que vale para Deus não são as palavras, as declarações de amor, mas o nosso coração sincero por meio da atitude concreta no gesto de amor e de justiça quando assumimos e passamos a fazer aquilo que ouvimos do Evangelho. Aquele que falou que ia trabalhar não foi, e aquele que disse que não ia mudou de atitude e foi. O que não foi é um mentiroso. É o cristão só de palavra, que não age, que não põe em prática aquilo que ouve. Não se ama a Deus só com palavras, pois as palavras se perdem. Ama-se Deus com gestos concretos de amor pelo outros. Atitudes não se perdem, ficam gravadas para sempre no coração do outro e no coração de Deus. Se é para ser solidário, é para ser solidário de verdade. Amar a Deus é transformar a religião em algo sincero, que concretiza na prática o que ouvimos do Evangelho com gestos de solidariedade, de justiça, de amor para com o outro.

Mc 10,17-27

O rico que quer seguir Jesus

17. Tendo ele saído para se pôr a caminho, veio alguém correndo e, dobrando os joelhos diante dele, suplicou-lhe: "Bom Mestre, que farei para alcançar a vida eterna?" **18.** Jesus disse-lhe: "Por que me chamas bom? Só Deus é bom. **19.** Conheces os mandamentos: não mates; não cometas adultério; não furtes; não digas falso testemunho; não cometas fraudes; honra pai e mãe." **20.** Ele respondeu-lhe: "Mestre, tudo isto tenho observado desde a minha mocidade." **21.** Jesus fixou nele o olhar, amou-o e disse-lhe: "Uma só coisa te falta; vai, vende tudo o que tens e dá-o aos pobres e terás um tesouro no céu. Depois, vem e segue-me. **22.** Ele entristeceu-se com estas palavras e foi-se todo abatido, porque possuía muitos bens. **23.** E, olhando Jesus em derredor, disse a seus discípulos: "Quão dificilmente entrarão no Reino de Deus os ricos!" **24.** Os discípulos ficaram assombrados com suas palavras. Mas Jesus replicou: "Filhinhos, quão difícil é entrarem no Reino de Deus os que põem a sua confiança nas riquezas! **25.** É mais fácil passar o camelo pelo fundo de uma agulha do que entrar o rico no Reino de Deus." **26.** Eles ainda mais se admiravam, dizendo a si próprios: "Quem pode então salvar-se?" **27.** Olhando Jesus para eles, disse: "Aos homens isto é impossível, mas não a Deus; pois a Deus tudo é possível."

NÃO SE TORNAR ESCRAVO DO DINHEIRO

Já ouvi muita explicação sobre o que é camelo e o que é agulha. Alguns dizem que camelo era uma corda usada para amarrar os navios. Há quem diga que a agulha é uma porta estreita nas muralhas de Jerusalém. Na verdade, porém, aqui camelo é camelo e agulha é agulha. Isso mesmo, aquela agulha que se usa para costurar. Camelo é aquele animal enorme que tem duas corcovas. Jesus quis dizer exatamente isso. A dificuldade de um rico entrar no Reino dos Céus é a mesma de um camelo passar pelo buraco de uma agulha. Isso seria impossível? Não! Um camelo pode passar por um buraco de agulha. É difícil, mas passa. Aqui entenderemos como se passa um camelo nesse buraquinho tão pequeno.

Rico não é quem tem dinheiro. Rico é quem não reparte. Não há problema em se ter dinheiro, quando este foi fruto de trabalho honesto. O problema do dinheiro está em ajuntá-lo tornando-o um deus ao qual prestamos culto. O dinheiro passa a ser deus e o banco, a minha igreja. Quando vivemos uma relação de subserviência ao dinheiro, invertemos a ordem das coisas. Nessa inversão de valores, passamos a confiar mais no dinheiro do que em Deus. O dinheiro existe para nos servir e não para que nos tornemos servos e escravos dele. Nessa relação doentia, passamos a acumular riquezas enquanto o nosso coração se afasta dos outros e de Deus. Passamos a não dividir e, assim, o problema de ter dinheiro está não em tê-lo, mas em não partilhá-lo. Então, aqui vamos entender como se passa um camelo no buraco da agulha. Tome um camelo bem grande e reparta esse camelo em pedacinhos bem miúdos de modo que possam atravessar aquele buraquinho da agulha e, depois, passe todo o camelo repartido e partilhado por essa agulha. Dá trabalho, mas não é impossível. Assim, se quiser entrar no Reino dos Céus, reparta e partilhe. Esse é o segredo. O rico vai para o céu, mas se o seu coração estiver convencido da partilha não só de dinheiro e bens, mas partilha do que se é, partilha do coração, do sorriso, do abraço e da vida. **(Ver Mt 19,16-30; Lc 18,18-30.)**

Lc 4,38-44

A sogra de Simão Pedro

38. Saindo Jesus da sinagoga, entrou na casa de Simão. A sogra de Simão estava com febre alta; e pediram-lhe por ela. **39.** Inclinando-se sobre ela, ordenou ele à febre, e a febre deixou-a. Ela levantou-se imediatamente e pôs-se a servi-los. **40.** Depois do pôr do sol, todos os que tinham enfermos de diversas moléstias lhos traziam. Impondo-lhes a mão, os sarava. **41.** De muitos saíam os demônios, aos gritos, dizendo: Tu és o Filho de Deus. Mas ele repreendia-os severamente, não lhes permitindo falar, porque sabiam que ele era o Cristo. **42.** Ao amanhecer, ele saiu e retirou-se para um lugar afastado. As multidões o procuravam e foram até onde ele estava e queriam detê-lo, para que não as deixasse. **43.** Mas ele disse-lhes: É necessário que eu anuncie a boa-nova do Reino de Deus também às outras cidades, pois essa é a minha missão. **44.** E andava pregando nas sinagogas da Galileia.

Jesus se curva para chegar perto de nós

Nessa passagem, vemos dois gestos de grande importância. Primeiro, Jesus se inclina até a sogra de Simão Pedro, indo até ela para resgatá-la. Veja que gesto maravilhoso! Da mesma maneira que Jesus foi até a sogra de Pedro, ele vem até nós. Inclina-se até a nossa miséria humana e se aproxima da nossa dor. Jesus vem nos resgatar de todas as nossas febres de desamor, de vingança, de orgulho.

Pense bem: nós só conseguimos levantar alguém que caiu se nós nos abaixarmos, se formos até a pessoa caída. E Jesus faz isso todos os dias conosco. Ele se rebaixa até nós para nos resgatar de todos os tipos de febre que alimentamos. Afinal, quando Jesus veio até nós assumindo a nossa carne e nascendo como homem, percebemos o seu esforço de ficar no mesmo nível nosso para nos resgatar. Semelhante a nós em tudo, menos no pecado, Ele poderia sentir o que sentimos, viver como vivemos, e assim nos salvar, pois desceu e se inclinou até nós como fez com a sogra de Pedro.

Contudo, na maioria das vezes estamos fechados para esse acolhimento de Jesus. Aquelas pessoas tinham a disposição e a confiança de serem curadas por Jesus. A disposição de se deixar ser tocado é fundamental para que Jesus possa nos curar. E Ele só não consegue fazer qualquer cura porque nós agimos com desconfiança, soberba, orgulho e colocamos obstáculos na Sua ação em nossa vida. Com Jesus é assim: ou você se entrega e confia plenamente ou nada acontece.

O segundo gesto é o do serviço da sogra de Simão Pedro: assim que ficou curada, ela passou a servir as pessoas ali presentes. É isso que precisamos fazer. Quando Jesus nos levanta, nos resgata de nossas angústias, de nossos medos, de nossas dores, de nossos sofrimentos, temos de imediatamente servir as outras pessoas. É a maneira mais sublime de agradecer a Deus. Quem é tocado e curado por Jesus, coloca-se a serviço do outro. **(Ver Mt 8,14-17.4,23-25; Mc 1,29-39.)**

Lc 9,1-6

A missão dos doze

1. Reunindo Jesus os doze apóstolos, deu-lhes poder e autoridade sobre todos os demônios, e para curar enfermidades. **2.** Enviou-os a pregar o Reino de Deus e a curar os enfermos. **3.** Disse-lhes: Não leveis coisa alguma para o caminho, nem bordão, nem mochila, nem pão, nem dinheiro, nem tenhais duas túnicas. **4.** Em qualquer casa em que entrardes, ficai ali até que deixeis aquela localidade. **5.** Onde ninguém vos receber, deixai aquela cidade e em testemunho contra eles sacudi a poeira dos vossos pés. **6.** Partiram, pois, e percorriam as aldeias, pregando o Evangelho e fazendo curas por toda parte.

Leva ao outro o Deus que há em ti

Jesus diz: "não leveis nada". Isso significa desprendimento. Temos de estar livre das coisas para viver o Evangelho. Ser livre é não se tornar escravo das pessoas, das coisas e do tempo. Não é pecado ter. O pecado é ser servo das coisas. As coisas é que nos servem, não o contrário.

Manter uma roupa no armário e nunca usar, por quê? Para sentir que você a tem, mesmo que não a use? E aquele que tem tanto dinheiro e não gasta? De que lhe serve essa gorda conta bancária? Para se ajoelhar diante do extrato bancário e lhe prestar culto? Isso é o contrário do desprendimento, é o culto ao dinheiro e ao ter.

É preciso expulsar os "demônios" da vaidade, do egoísmo, do ter, do orgulho, da ganância para que você possa, por meio de gestos concretos, proclamar a Palavra de Deus. Não levar coisa alguma pelo caminho é conselho de Jesus para que a nossa existência na terra seja encarada como uma viagem. Assim como o viajante só carrega o necessário, também na minha vida descartarei o supérfluo.

No entanto, só isso não basta. É preciso se encher de Deus. Viva o Evangelho para depois proclamá-lo. Só podemos dar aquilo que temos; caso contrário, é palavra solta ao vento. É impossível levar Deus às pessoas se não o temos, se não O vivenciamos. **(Ver Mt 10,5-14; Mc 6,7-13.)**

Lc 9,11-17

Multiplicação dos pães segundo Lucas

11. Logo que a multidão o soube, o foi seguindo; Jesus recebeu-os e falava-lhes do Reino de Deus. Restabelecia também a saúde dos doentes. **12.** Ora, o dia começava a declinar e os Doze foram dizer-lhe: Despede as turbas, para que vão pelas aldeias e sítios da vizinhança e procurem alimento e hospedagem, porque aqui estamos num lugar deserto. **13.** Jesus replicou-lhes: Dai-lhes vós mesmos de comer. Retrucaram eles: Não temos mais do que cinco pães e dois peixes, a menos que nós mesmos vamos e compremos mantimentos para todo este povo. **14.** (Pois eram quase cinco mil homens.) Jesus disse aos discípulos: Mandai-os sentar, divididos em grupos de cinquenta. **15.** Assim o fizeram e todos se assentaram. **16.** Então Jesus tomou os cinco pães e os dois peixes, levantou os olhos ao céu, abençoou-os, partiu-os e deu-os a seus discípulos, para que os servissem ao povo. **17.** E todos comeram e ficaram fartos. Do que sobrou recolheram ainda doze cestos de pedaços.

Dai-lhes vós mesmos de comer

Os apóstolos começaram a ficar preocupados com tanta gente, pois estava escurecendo, o povo estava com fome e eles não tinham o que oferecer. A solução encontrada pelos apóstolos foi a mais simples e, por consequência, a mais cômoda. Vamos despedir esse povo e, então, cada um vai para sua casa e não nos comprometemos nem nos responsabilizamos pela fome deles. Aliás, é uma solução muito usada hoje em dia quando não queremos nos comprometer. Então bradamos: "cada um por si e Deus por todos". Jesus, porém, não caiu nessa conversa. Ele foi taxativo: "dai-lhes vós mesmo de comer". Aqui não é Deus por todos. É todos por todos.

Facilmente delegamos a Deus a nossa responsabilidade. Culpamos Deus pela fome do mundo, quando somos nós que a provocamos. Dizemos que Deus deveria ter evitado um desastre natural, quando fomos nós que poluímos e desmatamos. Revoltamo-nos com o Criador porque um avião caiu sem que Ele evitasse, e não percebemos que a ganância e a busca pelo lucro inviabilizam manutenções acuradas em aeronaves. Não vamos transferir para Deus o que é responsabilidade nossa.

Jesus insiste: "dai-lhes vós mesmos de comer", mas eles replicam: "só temos cinco pães e dois peixes". Mais uma vez a desculpa: "não posso ajudar, pois sou pobre"; "não posso ajudar, pois tenho pouco"; "não posso fazer nada, pois não tenho tempo". E assim vamos nos esquivando. No entanto, Jesus usa o pouco deles para fazer muito.

Não é com grandes fortunas e riquezas que mudaremos o mundo, é com o pouco que há em nosso coração. Não são grandes gestos humanitários que matam a fome, mas o coração sensibilizado que me leva a repartir o pouco que tenho.

Há pessoas precisando de você neste momento. Não transfira essa responsabilidade a outros nem a Deus. Você mesmo deve "dar de comer". Levar a esperança, mostrar a vida, aliviar o sofrimento, estender a mão. Jesus está dizendo agora pra você: "Dai-lhes vós mesmos de comer". **(Ver Mt 14,13-21; Mc 6,30-44).**

Lc 10,25-37

O novo mandamento

25. Levantou-se um doutor da lei e, para pô-lo à prova, perguntou: Mes-
tre, que devo fazer para possuir a vida eterna? **26.** Disse-lhe Jesus: Que
está escrito na lei? Como é que lês? **27.** Respondeu ele: Amarás o Senhor
teu Deus de todo o teu coração, de toda a tua alma, de todas as tuas
forças e de todo o teu pensamento (Dt 6,5); e a teu próximo como a ti
mesmo (Lv 19,18). **28.** Falou-lhe Jesus: Respondeste bem; faze isto e vive-
rás. **29.** Mas ele, querendo justificar-se, perguntou a Jesus: E quem é o
meu próximo? **30.** Jesus então contou: Um homem descia de Jerusalém
a Jericó, e caiu nas mãos de ladrões, que o despojaram; e depois de o
terem maltratado com muitos ferimentos, retiraram-se, deixando-o
meio morto. **31.** Por acaso desceu pelo mesmo caminho um sacerdote,
viu-o e passou adiante. **32.** Igualmente um levita, chegando àquele
lugar, viu-o e passou também adiante. **33.** Mas um samaritano que via-
java, chegando àquele lugar, viu-o e moveu-se de compaixão. **34.** Apro-
ximando-se, atou-lhe as feridas, deitando nelas azeite e vinho; colocou-o
sobre a sua própria montaria e levou-o a uma hospedaria e tratou dele. **35.**
No dia seguinte, tirou dois denários e deu-os ao hospedeiro, dizendo-lhe:
Trata dele e, quanto gastares a mais, na volta to pagarei. **36.** Qual destes

três parece ter sido o próximo daquele que caiu nas mãos dos ladrões?
37. Respondeu o doutor: Aquele que usou de misericórdia para com ele. Então Jesus lhe disse: Vai, e faze tu o mesmo.

VOCÊ É O PRÓXIMO

A palavra de ordem é Misericórdia, que se resume assim: "vai e faze tu o mesmo". Jesus é muito claro ao nos mostrar o caminho do amor que ele sintetiza muito bem em ir e fazer o mesmo. Mas fazer o quê? O mesmo que o coração de Deus, que não vê raça, cor, sexo ou condição social; simplesmente para no meio do caminho, percebe quem precisa e ajuda com amor. O samaritano viajante não era bem-visto naquela época, mas foi o único que pôs a Palavra de Deus em prática.

O próximo é aquele por quem temos misericórdia. A prioridade que devemos escolher entre todas as coisas é o amor ao outro. Eu só me pareço com Deus quando amo o outro e sei usar de misericórdia para com ele quando coloco a misericórdia acima de todas as prioridades na minha vida.

Considerar o outro como próximo não se trata de proximidade física. Próximo é aquele que precisa de mim. Próximo é aquele que, mesmo estando longe, tem necessidade do meu carinho, da minha ajuda e do meu amor.

Jesus sempre mostrou e fez para que pudéssemos repetir o que Ele havia feito. O Evangelho não é só para ser ouvido, e sim para ser posto em prática. O importante é sentir que tenho de fazer algo, que não posso ficar parado diante daquele que sofre sem fazer nada. Não posso continuar o meu caminho e deixar à margem desta estrada aquele meu irmão ferido pela vida.

A todo momento, somos chamados a essa prática. Se não for para fazer o mesmo que o samaritano fez, de nada adianta ler o Evangelho. Afinal, se a Bíblia não for para ser vivida, ela se torna mais um livro de literatura que enfeita a nossa estante. (Ver Mt 22,34-40; Mc 12,28-34.)

Lc 13,10-17

A mulher encurvada

10. Estava Jesus ensinando na sinagoga em um sábado. **11.** Havia ali uma
mulher que, havia dezoito anos, era possessa de um espírito que a deti-
nha doente: andava curvada e não podia absolutamente erguer-se. **12.**
Ao vê-la, Jesus a chamou e disse-lhe: Estás livre da tua doença. **13.**
Impôs-lhe as mãos e no mesmo instante ela se endireitou, glorificando a
Deus. **14.** Mas o chefe da sinagoga, indignado de ver que Jesus curava no
sábado, disse ao povo: São seis os dias em que se deve trabalhar; vinde,
pois, nestes dias para vos curar, mas não em dia de sábado. **15.** Hipócri-
tas!, disse-lhes o Senhor. Não desamarra cada um de vós no sábado o seu
boi ou o seu jumento da manjedoura, para os levar a beber? **16.** Esta filha
de Abraão, que Satanás paralisava há dezoito anos, não devia ser livre
desta prisão, em dia de sábado? **17.** Ao proferir estas palavras, todos os
seus adversários se encheram de confusão, ao passo que todo o povo, à
vista de todos os milagres que ele realizava, se entusiasmava.

NÃO ADIE

O sentido da palavra encurvado no Evangelho é aquele que está cheio de pecados. E quem está assim só olha para o chão e não consegue olhar para a frente, para o horizonte. É uma pessoa que perdeu a esperança e só olha para baixo sem ter perspectiva. Está curvado sob o peso do pecado. Havia dezoito anos aquela mulher estava encurvada. Ela precisava experimentar Jesus. Quando Ele a tocou, ela se endireitou. Levantou. Entrou no caminho correto. Mudou de vida.

Não há dia, não há hora, não há tempo. Todo dia é dia, toda hora é hora, todo tempo é tempo. Quando sentimos que a nossa vida não está no rumo certo, é chegada a hora de tomar uma atitude para mudar. Não deixe para depois. Não adie o que não pode mais ser adiado. Tem de ser agora.

Por isso, Jesus toma a atitude de cura em pleno sábado e é severamente criticado pelos judeus porque, para eles, o sábado é um dia sagrado, em que não se pode fazer nada. Sábado é o dia em que o Senhor descansou. No entanto, Jesus dá uma lição aos judeus ao fazer a cura no sábado: Ele mostra que a mudança não pode esperar.

Esse é um aviso contra a procrastinação, que é o contínuo adiamento das atitudes que sabemos que devemos tomar. Se um problema parece difícil e complicado, quanto mais tempo você esperar para enfrentá-lo, mais tempo ele irá pairar sobre a sua cabeça, impedindo até que você siga com outras coisas. Então, não deixe as atividades que cabem a você executar acumulando-se diante da sua vida. E ela ficará cada vez mais leve, pois você estará diluindo o peso aos poucos e resolvendo antes que se transformem em coisas maiores.

Lc 13,22-30

A porta estreita

22. Sempre em caminho para Jerusalém, Jesus ia atravessando cidades e aldeias e nelas ensinava. **23.** Alguém lhe perguntou: Senhor, são poucos os homens que se salvam? Ele respondeu: **24.** Procurai entrar pela porta estreita; porque, digo-vos, muitos procurarão entrar e não o conseguirão. **25.** Quando o pai de família tiver entrado e fechado a porta, e vós, de fora, começardes a bater à porta, dizendo: Senhor, Senhor, abre-nos, ele responderá: Digo-vos que não sei de onde sois. **26.** Direis então: Comemos e bebemos contigo e tu ensinaste em nossas praças. **27.** Ele, porém, vos dirá: Não sei de onde sois; apartai-vos de mim todos vós que sois malfeitores. **28.** Ali haverá choro e ranger de dentes, quando virdes Abraão, Isaac, Jacó e todos os profetas no Reino de Deus, e vós serdes lançados para fora. **29.** Virão do oriente e do ocidente, do norte e do sul, e sentar-se-ão à mesa no Reino de Deus. **30.** Há últimos que serão os primeiros, e há primeiros que serão os últimos.

Desprenda-se dos maus sentimentos

A porta estreita de que Jesus fala é a passagem para a nossa salvação. Ela é tão estreita que só cabe um de cada vez. É uma porta individual que exige de nós um esforço pessoal para atravessá-la. Podemos até contar com a ajuda dos outros, mas a resposta final será sempre a nossa. Cada um tem a sua porta de salvação. Essa porta é estreita porque tem exatamente o meu tamanho e, para passar por ela, não posso acumular coisas que me impedirão a passagem. Gostamos de acumular coisas. Vamos, então, guardando ressentimentos, relacionamentos mal resolvidos, remorsos e culpas. Tudo isso acumulado e preso a nós nos impossibilita de passar por essa porta estreita. Eu não vou conseguir atravessar a porta levando muito mais comigo. Além disso, há o apego às coisas que nos tornam mesquinhos e cada vez mais inchados, dificultando a travessia da porta estreita. Temos de perceber que tudo é temporário e nada de fato nos pertence. Assim, conseguimos nos libertar do valor que damos às coisas materiais e que, muitas vezes, impedem-nos de atravessar essa porta. Temos de nos livrar dos vícios que nos fazem ficar pesados e excessivamente maiores do que a nossa porta. Temos de ficar exatamente do tamanho da porta que Deus reservou para cada um de nós. Para isso, vá se desvencilhando de tudo que é inútil em sua vida. Deixe para trás tudo aquilo que não lhe faz crescer e vislumbre um novo tempo em sua vida, vivendo a partir do amor generoso e fiel que vem de Deus. **(Ver Mt 7,13-14.22-23.8,12-11.19,30.20,16; Mc 10,31.)**

Lc 16,19-31

O rico e Lázaro

19. Havia um homem rico que se vestia de púrpura e linho finíssimo, e
que todos os dias se banqueteava e se regalava. **20.** Havia também um
mendigo, por nome Lázaro, todo coberto de chagas, que estava deitado
à porta do rico. **21.** Ele avidamente desejava matar a fome com as miga-
lhas que caíam da mesa do rico... Até os cães iam lamber-lhe as chagas.
22. Ora, aconteceu morrer o mendigo e ser levado pelos anjos ao seio de
Abraão. Morreu também o rico e foi sepultado. **23.** E estando ele nos

tormentos do inferno, levantou os olhos e viu, ao longe, Abraão e Lázaro no seu seio. **24.** Gritou, então: – Pai Abraão, compadece-te de mim e manda Lázaro que molhe em água a ponta de seu dedo, a fim de me refrescar a língua, pois sou cruelmente atormentado nestas chamas. **25.** Abraão, porém, replicou: – Filho, lembra-te de que recebeste teus bens em vida, mas Lázaro, males; por isso ele agora aqui é consolado, mas tu estás em tormento. **26.** Além de tudo, há entre nós e vós um grande abismo, de maneira que, os que querem passar daqui para vós, não o podem, nem os de lá passar para cá. **27.** O rico disse: – Rogo-te então, pai, que mandes Lázaro à casa de meu pai, pois tenho cinco irmãos, **28.** para lhes testemunhar, que não aconteça virem também eles parar neste lugar de tormentos. **29.** Abraão respondeu: – Eles lá têm Moisés e os profetas; ouçam-nos! **30.** O rico replicou: – Não, pai Abraão; mas se for a eles algum dos mortos, arrepender-se-ão. **31.** Abraão respondeu-lhe: – Se não ouvirem a Moisés e aos profetas, tampouco se deixarão convencer, ainda que ressuscite algum dos mortos.

Aprender a partilhar

Todas as vezes que na Bíblia não é especificado o nome de alguém, podemos nos colocar nesse lugar. Podemos vestir a carapuça porque o recado está sendo dado diretamente a nós. Então a atitude daquele rico pode ser a mesma atitude sua ou minha. Porque um foi para o Inferno e o outro para o Paraíso? Ser rico é pecado? Ter dinheiro é pecado?

Não é pecado ter dinheiro nem ser rico. O problema é não partilhar. Muitas vezes tendo mais que o suficiente, ignoramos a necessidade do outro. Agimos como egoístas. Partilhar não é dar esmola, mas desprender-se das coisas. É uma questão de maturidade. É ter atitude. Muitas vezes um simples sorriso, um tempo de dedicação que partilhamos com aquele que dele necessita é o suficiente. Então, não há desculpa para quem não tem largos recursos. Todo mundo pode partilhar.

O grande pecado do rico foi não saber partilhar. Ele não conseguiu amadurecer a ponto de partilhar. E, ao ver a felicidade no Céu do pobre que ele rejeitou, roga a Deus para avisar seus cinco irmãos. Por que a Bíblia fala em cinco irmãos? Porque chama a nossa atenção para os cinco primeiros livros da Bíblia, que os judeus consideram os mais sagrados: o Pentateuco de Moisés. Ora, toda a lei e as normas de conduta, de vida estão ali reunidas. É só segui-las. Assim a Palavra de Deus se faz luz que ilumina a nossa vida. As respostas estão ali, não precisamos de coisas extraordinárias e sobrenaturais que nos mostrem o caminho. O caminho é simples e se faz na partilha e no amor.

Jo 3,16-21

Finalidade da missão de Jesus

16. Com efeito, de tal modo Deus amou o mundo, que lhe deu seu Filho
único, para que todo o que nele crer não pereça, mas tenha a vida
eterna. **17.** Pois Deus não enviou o Filho ao mundo para condená-lo,
mas para que o mundo seja salvo por ele. **18.** Quem nele crê não é con-
denado, mas quem não crê já está condenado; por que não crê no nome
do Filho único de Deus. **19.** Ora, este é o julgamento: a luz veio ao
mundo, mas os homens amaram mais as trevas do que a luz, pois as suas
obras eram más. **20.** Porquanto todo aquele que faz o mal odeia a luz e

não vem para a luz, para que as suas obras não sejam reprovadas. **21.** Mas aquele que pratica a verdade, vem para a luz. Torna-se assim claro que as suas obras são feitas em Deus.

Busque a luz

Deus não mandou Seu filho para condenar o mundo, mas para que o mundo fosse salvo por Jesus. Nós, muitas vezes, relacionamo-nos com Deus como um feitor de escravos, que só quer nos castigar. Agimos assim também com as pessoas. Primeiro condenamos, depois procuramos ver suas qualidades. Deus, por outro lado, está sempre pronto para nos acolher e salvar.

Quantos de nós reclamamos que Deus nos abandonou, que Deus nos está castigando quando algo não vai bem? É preciso observar tudo com uma lente mais ampla, com um espaço de tempo maior, para verificar quantas coisas ruins deixam de acontecer a partir de uma dificuldade que passamos. Ou quanto de aprendizado podemos tirar de uma dificuldade que nos torna, mais adiante, aptos para executar tarefas, atividades e projetos que nos diferenciam no mundo e com a qual podemos nos tornar reflexos da luz que é o Cristo? Quer alcançar isso? Primeiro mandamento: pare de se lamentar e, em seguida, pratique a verdade e o amor para se tornar luz para o mundo.

Jo 6,1-15

O sinal do pão

1. Depois disso, atravessou Jesus o lago da Galileia (que é o de Tiberíades). **2.** Seguia-o uma grande multidão, porque via os milagres que fazia em benefício dos enfermos. **3.** Jesus subiu a um monte e ali se sentou com seus discípulos. **4.** Aproximava-se a Páscoa, festa dos judeus. **5.** Jesus levantou os olhos sobre aquela grande multidão que vinha ter com ele e disse a Filipe: Onde compraremos pão para que todos estes tenham o que comer? **6.** Falava assim para o experimentar, pois bem sabia o que havia de fazer. **7.** Filipe respondeu-lhe: Duzentos denários de pão não lhes bastam, para que cada um receba um pedaço. **8.** Um dos seus discípulos, chamado André, irmão de Simão Pedro, disse-lhe: **9.** Está aqui um menino que tem cinco pães de cevada e dois peixes... mas que é isto para tanta gente? **10.** Disse Jesus: Fazei-os assentar. Ora, havia naquele lugar muita relva. Sentaram-se aqueles homens em número de uns cinco mil. **11.** Jesus tomou os pães e rendeu graças. Em seguida, distribuiu-os às pessoas que estavam sentadas, e igualmente dos peixes lhes deu quanto queriam. **12.** Estando eles saciados, disse aos discípulos: Recolhei os pedaços que sobraram, para que nada se perca. **13.** Eles os recolheram e, dos pedaços dos cinco pães de cevada que sobraram, encheram doze cestos. **14.** À vista desse milagre de Jesus, aquela gente dizia: Este é verdadeiramente o profeta que há de vir ao mundo. **15.** Jesus, percebendo que queriam arrebatá-lo e fazê-lo rei, tornou a retirar-se sozinho para o monte.

Repartir

Jesus fez a multiplicação dos pães e dos peixes, mas pediu que os apóstolos dessem de comer a quem tem fome. Ele quer nos dizer que somos nós os responsáveis por essa tarefa de amor. Nós somos parceiros, colaboradores de Deus. Jesus disse: "Dai-lhes vós mesmos de comer".

Nós queremos incumbir Jesus daquilo que cabe a nós fazer. Todos nós temos uma responsabilidade aqui na terra. É preciso ter coragem e boa vontade para executá-la. E, então, assim acontecerá o milagre.

Percebam também o alerta para o desperdício. Jesus poderia se dar ao luxo de não se preocupar com o que sobrou, mas, como educador, saiu na frente, preocupando-se para que nada se perdesse nem fosse usado de modo indevido. O desperdício aqui tem um alcance maior do que o simples ato de recolher o que sobrou. Será que não desperdiçamos muito de nosso tempo com aquilo que não vai dar em nada? Será que não desperdiçamos a nossa vida com as coisas que não são essenciais? Será que não estamos jogando fora dos cestos da nossa vida grandes oportunidades de crescer e ser feliz? Cuide para que você não desperdice o dom de Deus em sua vida.

Mc 12,1-12

Os lavradores assassinos

1. E começou a falar-lhes em parábolas. Um homem plantou uma vinha,
cercou-a com uma sebe, cavou nela um lagar, edificou uma torre, arren-
dou-a a vinhateiros e ausentou-se daquela terra. **2.** A seu tempo enviou
aos vinhateiros um servo, para receber deles uma parte do produto da
vinha. **3.** Ora, eles prenderam-no, feriram-no e reenviaram-no de mãos
vazias. **4.** Enviou-lhes de novo outro servo; também este feriram na
cabeça e o cobriram de afrontas. **5.** O senhor enviou-lhes ainda um ter-

ceiro, mas o mataram. E enviou outros mais, dos quais feriram uns e mataram outros. **6.** Restava-lhe ainda seu filho único, a quem muito amava. Enviou-o também por último a ir ter com eles, dizendo: Terão respeito a meu filho!... **7.** Os vinhateiros, porém, disseram uns aos outros: Este é o herdeiro! Vinde, matemo-lo e será nossa a herança! **8.** Agarrando-o, mataram-no e lançaram-no fora da vinha. **9.** Que fará, pois, o senhor da vinha? Virá e exterminará os vinhateiros e dará a vinha a outro. **10.** Nunca lestes estas palavras da Escritura: A pedra que os construtores rejeitaram veio a tornar-se pedra angular. **11.** Isto é obra do Senhor, e ela é admirável aos nossos olhos? **12.** Procuravam prendê-lo, mas temiam o povo; porque tinham entendido que a respeito deles dissera esta parábola. E deixando-o, retiraram-se.

Jesus, nossa pedra angular

Nesta parábola, o filho do dono da vinha é Jesus. Os lavradores assassinos são os que se colocavam contra os profetas e contra Jesus.

Jesus é a pedra angular.

Pedra angular é aquela pedra que faz o arremate em uma construção e dá sustentação a ela toda. Nas antigas edificações, em que não se usava concreto e cimento, as pedras eram dispostas uma ao lado da outra e encaixadas com perfeição, sendo que a última pedra a ser colocada era aquela que daria firmeza e garantiria a segurança do edifício. A pedra angular era aquela que se usava para que os arcos de pedra das construções não caíssem. Ao se construir um desses arcos, as pedras eram colocadas de modo a formar a curvatura e, ao se chegar ao centro, fechava-se o arco com uma pedra em forma de cunha para que o arco fosse sustentado e não viesse abaixo. A pedra angular é a principal de uma construção.

Na construção de nossa vida, a pedra principal é Jesus, sem o qual o edifício das nossas relações sociais e familiares vem abaixo. É Jesus quem vai "arrematar" aquilo que construímos no nosso dia a dia. Podemos fazer muito com o nosso esforço e nossa boa vontade, mas a pedra angular será sempre Ele. Ele que dará sentido a tudo que fizermos. Um construtor irresponsável e descuidado pode dispensar e jogar fora a pedra angular e, quando chegar ao final da construção, perceberá que não pode concluí-la sem aquela pedra. Cuide para que, ao construir sua família, seu emprego, seus negócios, enfim, sua vida, você não seja descuidado e irresponsável a ponto de jogar fora a pedra principal da sua construção – a pedra angular que é Jesus. **(Ver Mt 21,33-46; Lc 20,9-19.)**

FÉ

Mt 8,5-11

O centurião

5. Entrou Jesus em Cafarnaum. Um centurião veio a ele e lhe fez esta
súplica: **6.** Senhor, meu servo está em casa, de cama, paralítico, e sofre
muito. **7.** Disse-lhe Jesus: Eu irei e o curarei. **8.** Respondeu o centurião:
Senhor, eu não sou digno de que entreis em minha casa. Dizei uma só
palavra e meu servo será curado. **9.** Pois eu também sou um subordi-
nado e tenho soldados às minhas ordens. Eu digo a um: Vai, e ele vai; a
outro: Vem, e ele vem; e a meu servo: Faze isto, e ele o faz... **10.** Ouvindo
isto, cheio de admiração, disse Jesus aos presentes: Em verdade vos
digo: não encontrei semelhante fé em ninguém de Israel. **11.** Por isso,
eu vos declaro que multidões virão do Oriente e do Ocidente e se
assentarão no Reino dos céus com Abraão, Isaac e Jacó.

FÉ QUE DÁ SENTIDO A TUDO

A fé do centurião era tão grande que uma só palavra de Jesus era suficiente para curar o seu servo. Ele confiava tanto na palavra de Jesus que não havia necessidade de Ele ir até a sua casa. Isso significa entrega total nas mãos de quem se confia e ama. É isso que precisamos ter. Fé na Palavra de Deus, porque é ela que dá sentido a nossa vida. Entrega plena a esse Deus misericordioso, pois Deus é amor. Se tirarmos o Amor de nossa vida, perdemos o sentido de viver. Viveremos por viver. O centurião não fez perguntas nem quis saber o método que Jesus usaria para curar seu servo. Simplesmente confiou e o milagre aconteceu. Então simplesmente confie e deixe Deus fazer mais em sua vida. "Buscai primeiramente o Reino de Deus e todas as coisas vos serão acrescentadas." **(Ver Lc 7,1-10; Jn 4,46-50.)**

Mt 9,18-26

A mulher com hemorragia e a filha de Jairo

18. Falava ele ainda, quando se apresentou um chefe da sinagoga. Prostrou-se diante dele e lhe disse: Senhor, minha filha acaba de morrer. Mas vem, impõe-lhe as mãos e ela viverá. **19.** Jesus levantou-se e o foi seguindo com seus discípulos. **20.** Ora, uma mulher atormentada por um fluxo de sangue, havia doze anos, aproximou-se dele por trás e tocou-lhe a orla do manto. **21.** Dizia consigo: Se eu somente tocar na sua vestimenta, serei curada. **22.** Jesus virou-se, viu-a e disse-lhe: Tem confiança, minha filha, tua fé te salvou. E a mulher ficou curada instantaneamente. **23.** Chegando à casa do chefe da sinagoga, viu Jesus os tocadores de flauta e uma multidão alvoroçada. Disse-lhes: **24.** Retirai-vos, porque a menina não está morta; ela dorme. Eles, porém, zombavam dele. **25.** Tendo saído a multidão, ele entrou, tomou a menina pela mão e ela levantou-se. **26.** Esta notícia espalhou-se por toda a região.

FÉ E DETERMINAÇÃO

Por que milagres acontecem? Porque há entrega. O homem inclina-se profundamente diante de Jesus, coloca-se em suas mãos. É isso que Jesus pede para nós. Um gesto de entrega, que nos coloquemos em suas mãos.

Outro milagre acontece. Uma mulher que sofria com uma hemorragia, uma menstruação que não cessava. Naquela época, no período da menstruação, a mulher era considerada impura e, enquanto durasse esse período, ela deveria se afastar para não contaminar os outros. Assim, era marginalizada e afastada da comunidade, tal como um leproso que deveria ficar à margem. Ora, essa mulher vivia por doze anos com essa "menstruação" (hemorragia), vivia, portanto, havia doze anos marginalizada, afastada e discriminada sem poder ter contato com ninguém. A mulher vestiu-se de sua fé, que a encorajou a ir até o encontro com Ele. Teve coragem de sair do lugar que a colocaram: nas margens da vida e da sociedade. Acreditou que apenas tocar Jesus, o que, naquela época, era uma afronta por estar impura, seria suficiente para curá-la. Jesus, vendo que a sua fé era tão profunda, prontamente a curou.

A fé e a determinação fazem o milagre. É isso que Jesus nos pede. Então, nunca peça com insegurança e com timidez. Peça com muita fé e determinação, e será atendido. (Ver Mc 5,21-43; Lc 8,40-56.)

Mt 10,7-15

Instruções missionárias aos doze

7. Por onde andardes, anunciai que o Reino dos céus está próximo. **8.**
Curai os doentes, ressuscitai os mortos, purificai os leprosos, expulsai os
demônios. Recebestes de graça, de graça dai! **9.** Não leveis nem ouro, nem
prata, nem dinheiro em vossos cintos, **10.** nem mochila para a viagem,
nem duas túnicas, nem calçados, nem bastão; pois o operário merece o
seu sustento. **11.** Nas cidades ou aldeias onde entrardes, informai-vos se
há alguém ali digno de vos receber; ficai ali até a vossa partida. **12.** Entrando
numa casa, saudai-a: Paz a esta casa. **13.** Se aquela casa for digna, descerá
sobre ela vossa paz; se, porém, não o for, vosso voto de paz retornará a vós.
14. Se não vos receberem e não ouvirem vossas palavras, quando sairdes
daquela casa ou daquela cidade, sacudi até mesmo o pó de vossos pés. **15.**
Em verdade vos digo: no dia do juízo haverá mais indulgência com Sodoma
e Gomorra que com aquela cidade.

Entrar nos corações

O que Jesus quer dizer quando ele orienta os apóstolos a serem hóspedes na casa de alguém? Ele se refere à casa de oração, não à casa física. Jesus fala de entrar no coração de alguém levando o essencial: a fé, a esperança, a paz, a "boa" notícia, sem preocupação com as coisas físicas.

Nossa tendência quando visitamos alguém é comentar notícias ruins, falar dos nossos problemas, das nossas coisas e raramente ouvimos o que o outro tem para nos falar. Em vez de levarmos a "boa" notícia, nós também reclamamos que estamos doentes, que já estivemos naquela situação ou que temos alguém que passa pelo mesmo problema.

Todavia, um doente precisa de esperança. Ele quer boas-novas, otimismo, ele não quer ouvir sobre outras doenças. Visitar ou ser hóspede de alguém é uma atitude amorosa. Devemos estar preparados para dar muito amor, para esse momento de doação.

Essa passagem não se refere especificamente a ser hóspede na casa de alguém. A cada vez que entramos em contato com outra pessoa, somos hóspedes dela. Receber alguém na sua vida é transformá-la em hóspede de seu coração. Deixe seu coração se abrir para receber aquele que precisa ser acolhido no amor. **(Ver Mc 6,7-13; Lc 9,1-6.)**

Mt 13,44-46

O tesouro

44. O Reino dos céus é também semelhante a um tesouro escondido num campo. Um homem o encontra, mas o esconde de novo. E, cheio de alegria, vai, vende tudo o que tem para comprar aquele campo. **45.** O

Reino dos céus é ainda semelhante a um negociante que procura pérolas preciosas. **46.** Encontrando uma de grande valor, vai, vende tudo o que possui e a compra.

O VERDADEIRO TESOURO JÁ É NOSSO

Na verdade, ao eleger o que é mais importante em nossa vida, deixamos em segundo plano as coisas que realmente deveriam vir em primeiro lugar. Na maioria das vezes, nos enganamos e fazemos a escolha errada: procuramos nas coisas materiais a riqueza para preencher o coração. E nos sentimos vazios, desorientados. Enquanto isso, a riqueza do reino de Deus está tão próxima de nós. O verdadeiro tesouro é essa presença saborosa de estar em Deus, esse amor verdadeiro de justiça, de igualdade. É desse tesouro que Jesus fala quando encontramos a pérola – joia tão fina e preciosa. Não precisamos ir longe: a pérola está escondida dentro de nós. Para encontrá-la, é preciso entrar no coração, um dos territórios mais difíceis de serem penetrados. É preciso arrancar todos os obstáculos como a inveja, a ira, o orgulho e o preconceito que nos impedem de achar a verdadeira pérola. Mergulhe no seu coração e encontre o Reino de Deus que está escondido em você mesmo.

Mt 16,13-19

Profissão de fé de Pedro

13. Chegando ao território de Cesareia de Filipe, Jesus perguntou a seus discípulos: No dizer do povo, quem é o Filho do Homem? **14.** Responderam: Uns dizem que é João Batista; outros, Elias; outros, Jeremias ou um dos profetas. **15.** Disse-lhes Jesus: E vós quem dizeis que eu sou? **16.** Simão Pedro respondeu: Tu és o Cristo, o Filho de Deus vivo! **17.** Jesus então lhe disse: Feliz és, Simão, filho de Jonas, porque não foi a carne nem o sangue que te revelou isto, mas meu Pai que está nos céus. **18.** E eu te declaro: tu és Pedro, e sobre esta pedra edificarei a minha Igreja; as portas do inferno não prevalecerão contra ela. **19.** Eu te darei as chaves do Reino dos céus: tudo o que ligares na terra será ligado nos céus, e tudo o que desligares na terra será desligado nos céus.

O lugar de Deus em nossa vida

Jesus não queria saber o que os outros diziam, queria, sim, penetrar o coração dos discípulos e saber o que eles pensavam d'Ele. Sem coragem de expor seus pensamentos mais íntimos vieram com evasivas: "uns dizem ser João Batista", "outros Jeremias". E Jesus insiste. Eu quero saber de vocês. Quem Eu sou para vocês. É a mesma pergunta que Jesus faz agora a você. O que Eu sou para você? Uma história bonita a ser contada? Um personagem de um livro de aventura? Um revolucionário político? Afinal quem é Jesus para você?

Pedro foi o único que teve a coragem de aceitar e proclamar que Jesus era o filho de Deus. E assim foi escolhido pelo próprio Senhor para conduzir o grupo e ser o líder. Assim também nós seremos escolhidos por Deus se tivermos a coragem de assumi-lo como Senhor em nossa vida. Agindo assim seremos fortes e nada irá nos destruir. Nesses dois mil anos de história, por várias vezes tentou-se destruir a proposta de Jesus e nunca conseguiram. E se não conseguiram é porque houve homens e mulheres corajosos que assumiram verdadeiramente Jesus como Deus e a Sua Palavra como resposta para seus anseios e sonhos. Junte-se ao rebanho e ajude a fortalecer a força de Cristo. Assuma Deus em sua vida. É nessa atitude de fé que sempre residirá sua felicidade. **(Ver Mc 8,27-30; Lc 9,18-21.)**

Mt 19,16-22

O jovem rico

16. Um jovem aproximou-se de Jesus e lhe perguntou: Mestre, que devo fazer de bom para ter a vida eterna? Disse-lhe Jesus: **17.** Por que me perguntas a respeito do que se deve fazer de bom? Só Deus é bom. Se queres entrar na vida, observa os mandamentos. **18.** Quais?, perguntou ele. Jesus respondeu: Não matarás, não cometerás adultério, não furtarás, não dirás falso testemunho, **19.** honra teu pai e tua mãe, amarás teu próximo como a ti mesmo. **20.** Disse-lhe o jovem: Tenho observado tudo isto desde a minha infância. Que me falta ainda? **21.** Respondeu Jesus: Se queres ser perfeito, vai, vende teus bens, dá-os aos pobres e terás um tesouro no céu. Depois, vem e segue-me! **22.** Ouvindo estas palavras, o jovem foi embora muito triste, porque possuía muitos bens.

A VERDADEIRA VIDA

O jovem está preocupado com uma única coisa: alcançar o caminho para a vida eterna. Então ele vai até Jesus e recebe a orientação de seguir os mandamentos. No entanto, ele quer mais. Esse jovem bateu na porta certa, procurou o caminho certo. Só em Jesus podemos ser resgatados para uma vida que nunca acaba. Então Jesus propõe ao jovem: desapegue-se de tudo o que lhe prende. Para alcançar a vida plena devemos nos desvencilhar de tudo aquilo que nos aprisiona. Devemos sepultar uma vida de escravidão. Contudo, o jovem não consegue sepultar sua vida terrena, não quer se desapegar de seus bens. Jesus morre para que possamos viver a verdadeira vida: a vida eterna. É em Jesus que vamos celebrar essa páscoa, a passagem de vida limitada, finita, para uma vida eterna. Mas o que é preciso fazer para buscar esse caminho? É preciso estar em Deus, contemplando Deus face a face, como diz São Paulo, para ter coragem de "vender" tudo o que nos limita e nos faz mesquinhos. Só assim eu encontrarei a vida plena, eterna, a felicidade infinita que me completará eternamente. **(Ver Mc 10,17-31; Lc 18,18-30.)**

Mc 2,18-22

Questão do jejum: vinho novo em odres novos

18. Ora, os discípulos de João e os fariseus jejuavam. Por isso, foram-lhe perguntar: "Por que jejuam os discípulos de João e os dos fariseus, mas os teus discípulos não jejuam?" **19.** Jesus respondeu-lhes: "Podem porventura jejuar os convidados das núpcias, enquanto está com eles o esposo? Enquanto têm consigo o esposo, não lhes é possível jejuar. **20.** Dias virão, porém, em que o esposo lhes será tirado, e então jejuarão. **21.** "Ninguém prega retalho de pano novo em roupa velha; do contrário, o remendo arranca novo pedaço da veste usada e torna-se pior o rasgão. **22.** E ninguém põe vinho novo em odres velhos; se o fizer, o vinho os arrebentará e perder-se-á juntamente com os odres mas para vinho novo, odres novos."

FÉ VERDADEIRA

Não queremos ter vidas remendadas. Por isso Jesus nos recomenda não fazer os tais remendos. Se quisermos encontrar a felicidade, temos de decidir pelo novo. Deixar para trás todos os ressentimentos, culpas e erros passados, e começar do zero. Ter fé é aceitar a Boa-Nova anunciada por Jesus sem fazer dessa fé uma colcha de retalhos. Fé é acreditar que Jesus veio para nos trazer um novo caminho: o do amor a Deus, ao próximo e a si mesmo. Não posso querer remendar a minha roupa com pano novo, pois quando a usar ou lavar vai fazer um rasgo maior; igualmente, no "odre velho", o vinho vai fermentar e estourá-lo. Da mesma forma, a minha fé não pode ser baseada em preceitos antigos e ajuntados, em erros cometidos e perdões não concedidos: há que ser uma fé viva que brota da novidade do Evangelho. O Evangelho não é o anúncio da Boa-Nova? Então, deixe tudo para trás e viva o novo. **(Ver Mt 9,14-17; Lc 5,33-39.)**

Mc 3,13-19

A escolha dos apóstolos

13. Depois, subiu ao monte e chamou os que ele quis. E foram a ele. **14.**
Designou doze dentre eles para ficar em sua companhia. **15.** Ele os
enviaria a pregar, com o poder de expulsar os demônios. **16.** Escolheu
estes doze: Simão, a quem pôs o nome de Pedro; **17.** Tiago, filho de
Zebedeu, e João, seu irmão, aos quais pôs o nome de Boanerges, que
quer dizer Filhos do Trovão. **18.** Ele escolheu também André, Filipe, Bar-
tolomeu, Mateus, Tomé, Tiago, filho de Alfeu; Tadeu, Simão, o Zelador;
19. e Judas Iscariotes, que o entregou.

Todos nós somos discípulos de Jesus

Discípulo, segundo a definição de alguns dicionários, é aquele que segue as ideias ou imita os exemplos. Gosto desta definição, de imitar os exemplos. Pois o discípulo de Jesus não só escuta a Sua Palavra, mas imita as suas ações. Discípulo é discípulo não porque faz parte do grupo, mas porque faz o que o Mestre faz e ensina o que o Mestre ensina. Judas deixou de ser discípulo a partir do momento em que as suas ações não correspondiam mais ao discurso de Jesus.

Engana-se quem pensa que discípulos são aqueles poucos nomeados na Bíblia. Discípulos somos nós que nos propomos a escutar a Palavra de Jesus e depois praticá-la. Lembre-se: não basta escutar.

Há, a todo momento, saídas para nós próprios nos desculparmos por não levarmos o Evangelho. Ou porque achamos que não sabemos falar bem, não temos a técnica certa ou porque não temos tempo. No entanto, eu vejo que nenhum predicado externo, cultura ou algo semelhante é mais convincente que a fé. Basta ter um coração totalmente disponível, um coração cheio de boa vontade para fazer com que Jesus aconteça na vida de outras pessoas. Não é ficar falando o tempo todo de religião nem tentar convencer as pessoas de suas crenças. Palavras em excesso se esvaziam de essência. É através das próprias atitudes que alguém consegue fazer com que as pessoas percebam que Deus existe e pode dar sentido à sua vida.

Quando pregamos, é Jesus quem fala por meio de nós, dos nossos atos e atitudes, então, a nossa vida se transforma em uma Bíblia que o outro pode ler e experimentar. Viva o Evangelho e sua vida tomará outro brilho; brilho esse que levará esperança ao outro que está desanimado. Esta será a melhor pregação que podemos fazer.

Não se esqueça: você é um dos discípulos de Jesus. Deixe que as pessoas percebam Deus em você. **(Ver Mt 10,1-4; Lc 6,12-16.)**

Mc 5,1-20

Os possessos de Gerasa

1. Passaram à outra margem do lago, ao território dos gerasenos. **2.**
Assim que saíram da barca, um homem possesso do espírito imundo
saiu do cemitério **3.** onde tinha seu refúgio e veio-lhe ao encontro. Não
podiam atá-lo nem com cadeia, mesmo nos sepulcros, **4.** pois tinha sido
ligado muitas vezes com grilhões e cadeias, mas os despedaçara e nin-

guém o podia subjugar. **5.** Sempre, dia e noite, andava pelos sepulcros e nos montes, gritando e ferindo-se com pedras. **6.** Vendo Jesus de longe, correu e prostrou-se diante dele, gritando em alta voz: **7.** Que queres de mim, Jesus, Filho do Deus Altíssimo? Conjuro-te por Deus, que não me atormentes. **8.** É que Jesus lhe dizia: Espírito imundo, sai deste homem! **9.** Perguntou-lhe Jesus: Qual é o teu nome? Respondeu-lhe: Legião é o meu nome, porque somos muitos. **10.** E pediam-lhe com instância que não os lançasse fora daquela região. **11.** Ora, uma grande manada de porcos andava pastando ali junto do monte. **12.** E os espíritos suplicavam-lhe: Manda-nos para os porcos, para entrarmos neles. **13.** Jesus lhos permitiu. Então os espíritos imundos, tendo saído, entraram nos porcos; e a manada, de uns dois mil, precipitou-se no mar, afogando-se. **14.** Fugiram os pastores e narraram o fato na cidade e pelos arredores. Então saíram a ver o que tinha acontecido. **15.** Aproximaram-se de Jesus e viram o possesso assentado, coberto com seu manto e calmo, ele que tinha sido possuído pela Legião. E o pânico apoderou-se deles. **16.** As testemunhas do fato contaram-lhes como havia acontecido isso ao endemoninhado, e o caso dos porcos. **17.** Começaram então a rogar-lhe que se retirasse da sua região. **18.** Quando ele subia para a barca, veio o que tinha sido possesso e pediu-lhe permissão de acompanhá-lo. **19.** Jesus não o admitiu, mas disse-lhe: Vai para casa, para junto dos teus e anuncia-lhes tudo o que o Senhor fez por ti, e como se compadeceu de ti. **20.** Foi-se ele e começou a publicar, na Decápole, tudo o que Jesus lhe havia feito. E todos se admiravam.

Nosso poder de transformar

A palavra-chave do Evangelho é transformar, mudar.

Esse trecho do Evangelho começa dizendo que este homem tinha seu refúgio no cemitério, isto é, ele morava no cemitério. Ora, quem mora no cemitério é quem está morto. Então este homem vivia como alguém que já morreu. De fato, quando vivemos longe do amor e de Deus estamos mortos, pois não há vida verdadeira sem um relacionamento profundo e sincero com Deus. Longe de Deus podemos até achar que estamos vivendo, mas vivemos sem a alegria e a esperança. E isto não é vida. O tal homem precisava mudar para abandonar a sua "morte" e passar a viver verdadeiramente.

E o que Jesus faz? Ele faz com que aquele homem que estava possuído pelas forças do mal seja transformado. E forças do mal aqui são muito mais do que uma possível possessão diabólica. Trata-se de egoísmo, inveja, ódio, cobiça e injustiça, que verdadeiramente matam. Aquele homem, depois de transformado, quer seguir Jesus, quer ir com ele. No entanto, Jesus diz: "Não, você fica aqui, na sua casa, porque é aqui que você será útil, é aqui que vai pregar e viver o que aprendeu".

Pregar o Evangelho é missão de todos. E a hora é agora, e o lugar é aqui. Não podemos pensar que podemos fazer diferença somente quando assumimos uma grande missão humanitária. Nós temos de pregar o Evangelho em casa, no ambiente de trabalho, na escola. Lá onde Deus me colocou. Pregar o Evangelho não é sair por aí falando de Deus de modo inconveniente, porque isso também afasta as pessoas. Pregar o Evangelho é testemunhá-lo com nossas atitudes, nossas ações de solidariedade, de caridade para com o próximo, que muitas vezes está até mesmo dentro de nossa família, do nosso lado.

Mc 8,22-26

O cego de Betsaida

22. Chegando eles a Betsaida, trouxeram-lhe um cego e suplicaram-lhe
que o tocasse. **23.** Jesus tomou o cego pela mão e levou-o para fora da
aldeia. Pôs-lhe saliva nos olhos e, impondo-lhe as mãos, perguntou-lhe:
Vês alguma coisa? **24.** O cego levantou os olhos e respondeu: Vejo os
homens como árvores que andam. **25.** Em seguida, Jesus lhe impôs as
mãos nos olhos e ele começou a ver e ficou curado, de modo que via
distintamente de longe. **26.** E mandou-o para casa, dizendo-lhe: Não
entres nem mesmo na aldeia.

A LUZ DA FÉ E DA ESPERANÇA

Aquele cego não enxergava nada. Nós também, muitas vezes, não enxergamos nada, porque não temos esperança, não vemos solução dos problemas, estamos totalmente cegos. Aí vem Jesus e, delicadamente, toma nossa mão, como fez com o cego, e nos cura.

Passar a enxergar é deixar Jesus nos pegar pela mão e deixar que Ele nos conduza. Assim como aquele cego passou a enxergar, nós também, quando fazemos contato com Deus, somos tocados pela cura e passamos a enxergar. Temos de fazer essa experiência.

Todavia, o cego disse que estava enxergando as pessoas como se fossem árvores andando. Ele não havia sido curado totalmente, precisava conhecer mais Jesus, deixar-se conduzir mais por Ele, afinal sua experiência não estava completa e ele não estava totalmente são. O que faltava para aquele cego? Estar mais perto de Jesus e deixar-se conduzir por Ele. Nós também, muitas vezes, fazemos a experiência com Jesus pela metade, ou seja, só pedimos socorro quando as coisas não estão bem. Por exemplo, pedimos emprego. Fazemos promessa, vamos à igreja, rezamos e, depois de alcançar a graça, esquecemos tudo. E nos sentimos mal por isso, pois damos desculpas como falta de tempo, compromissos diários, levar e buscar os filhos na escola, reuniões intermináveis e vamos nos esquecendo de que a vida melhorou porque assumimos uma postura diferente, porque decidimos nos tornar pessoas melhores a partir do momento em que Deus entrou em nossa vida. Não falo aqui de virar algo que não se é nem fazer por obrigação, mas de perceber que o caminho que fez sua vida melhorar não deve ser esquecido.

Deixe que Jesus o conduza e aproveite esse caminho. Cresça na experiência com Jesus por meio das orações e da entrega total a Deus. Quanto mais experimentar Jesus, mais você vai enxergar e melhor vai caminhar. Esse é o crescer de coração. É crescer na entrega.

Mc 9,14-29

O menino epilético

14. Depois, aproximando-se dos discípulos, viu ao redor deles grande
multidão, e os escribas a discutir com eles. **15.** Todo aquele povo, vendo
de surpresa Jesus, acorreu a ele para saudá-lo. **16.** Ele lhes perguntou:

Que estais discutindo com eles? **17.** Respondeu um homem dentre a multidão: Mestre, eu te trouxe meu filho, que tem um espírito mudo. **18.** Este, onde quer que o apanhe, lança-o por terra e ele espuma, range os dentes e fica endurecido. Roguei a teus discípulos que o expelissem, mas não o puderam. **19.** Respondeu-lhes Jesus: Ó geração incrédula, até quando estarei convosco? Até quando vos hei de aturar? Trazei-mo cá! **20.** Eles lho trouxeram. Assim que o menino avistou Jesus, o espírito o agitou fortemente. Caiu por terra e revolvia-se espumando. **21.** Jesus perguntou ao pai: Há quanto tempo lhe acontece isto? Desde a infância, respondeu-lhe. **22.** E o tem lançado muitas vezes ao fogo e à água, para o matar. Se tu, porém, podes alguma coisa, ajuda-nos, compadece-te de nós! **23.** Disse-lhe Jesus: Se podes alguma coisa!... Tudo é possível ao que crê. **24.** Imediatamente exclamou o pai do menino: Creio! Vem em socorro à minha falta de fé! **25.** Vendo Jesus que o povo afluía, intimou o espírito imundo e disse-lhe: Espírito mudo e surdo, eu te ordeno: sai deste menino e não tornes a entrar nele. **26.** E, gritando e maltratando-o extremamente, saiu. O menino ficou como morto, de modo que muitos diziam: Morreu... **27.** Jesus, porém, tomando-o pela mão, ergueu-o e ele levantou-se. **28.** Depois de entrar em casa, os seus discípulos perguntaram-lhe em particular: Por que não pudemos nós expeli-lo? **29.** Ele disse-lhes: Esta espécie de demônios não se pode expulsar senão pela oração.

A GRAÇA A QUEM TEM FÉ

Com um pouco de conhecimento médico, percebemos que os sintomas descritos nesse trecho do Evangelho faziam referência a uma convulsão provocada por epilepsia. Contudo, naquela época, como eles não tinham conhecimento de que se tratava de uma doença física, atribuíam ao espírito mau. Diziam que a pessoa estava possuída pelo demônio. Todavia, Jesus pode curar o corpo e o espírito, e, por isso, realiza a cura. Por quê?

Porque o homem chega a Jesus e diz: "eu tenho fé que o Senhor pode curá-lo, mas ajuda-me a ter mais fé". O homem teve essa humildade e soube reconhecer no Cristo aquele a quem poderia confiá-la. Quando se tem fé assim, nós conseguimos tudo.

Em outro momento, Jesus chega a dizer que, se temos fé, podemos transportar montanhas de um lugar para outro. Assim ele está dizendo que nós somos capazes de transportar, de jogar fora todos os nossos problemas, angústias, mágoas. E quantos problemas, dificuldades e vícios não nos pesam como uma montanha?

Quando os discípulos perguntam a Jesus por que eles não conseguiram curar o menino, Jesus diz somente isso: vocês não têm fé e pensam que a têm. Não sabem usá-la. Olha que lição! O pai do menino doente tinha, nesse momento, mais fé em Jesus do que seus discípulos. E, quando os discípulos questionam por que não puderam curar o menino, Jesus imediatamente diz: "Esta espécie de demônios não se pode expulsar senão pela oração". Isto é, estava faltando oração na vida deles, dos discípulos. E "esta espécie de demônios" refere-se à falta de fé. Da mesma forma, há demônios (e aqui os demônios são as situações difíceis, os problemas, os desafios, a falta de fé) em nossa vida que não conseguiríamos vencer se não fosse pela oração e pela fé.

A fé não é só acreditar em Deus, ir à igreja e rezar. Tudo isso de nada adianta se a pessoa não assumir o projeto de Jesus: o projeto de solidariedade, da prática verdadeira do amor, da caridade e da esperança. A fé é uma virtude para ser utilizada na prática.

Reflita sobre isso, pois o próprio Cristo nos ajuda a aprender usar a fé que temos dentro de nós. **(Ver Mt 17,14-21; Lc 9,37-43.)**

Lc 1,26-38

Anúncio do nascimento de Jesus

26. No sexto mês, o anjo Gabriel foi enviado por Deus a uma cidade da
Galileia, chamada Nazaré, **27.** a uma virgem desposada com um homem
que se chamava José, da casa de Davi, e o nome da virgem era Maria. **28.**
Entrando, o anjo disse-lhe: Ave, cheia de graça, o Senhor é contigo. **29.**
Perturbou-se ela com estas palavras e pôs-se a pensar no que significaria
semelhante saudação. **30.** O anjo disse-lhe: Não temas, Maria, pois
encontraste graça diante de Deus. **31.** Eis que conceberás e darás à luz
um filho, e lhe porás o nome de Jesus. **32.** Ele será grande e chamar-se-á
Filho do Altíssimo, e o Senhor Deus lhe dará o trono de seu pai Davi; e
reinará eternamente na casa de Jacó, **33.** e o seu reino não terá fim. **34.**
Maria perguntou ao anjo: Como se fará isso, pois não conheço homem?
35. Respondeu-lhe o anjo: O Espírito Santo descerá sobre ti, e a força do
Altíssimo te envolverá com a sua sombra. Por isso o ente santo que nascer de ti será chamado Filho de Deus. **36.** Também Isabel, tua parenta,
até ela concebeu um filho na sua velhice; e já está no sexto mês aquela
que é tida por estéril, **37.** porque a Deus nenhuma coisa é impossível. **38.**
Então disse Maria: Eis aqui a serva do Senhor. Faça-se em mim segundo
a tua palavra. E o anjo afastou-se dela.

Maria, mulher do silêncio e da oração

Por que o Anjo chamou Maria de "cheia de graça"? Porque em Maria não havia espaço para mais nada. Ela já nasceu plena, pois estava no plano de Deus essa plenitude.

Pegue um copo e encha-o com água até a boca. Se você colocar uma gota a mais, vai transbordar. Não há lugar para mais nada, está cheio. Assim também com Maria. Ela é cheia de graça. Em Maria, não havia espaço para mais nada, somente para a graça de Deus – não havia, então, lugar para o pecado. Ela já estava plena.

Maria fazia parte do plano de Deus. Foi Deus que escolheu aquela menina de Nazaré para ser sua mãe. Deus encarnado em Jesus Cristo foi a maneira mais completa para estar presente com a humanidade. Deus quis, em Maria e por ela, Jesus Cristo, assumir nossa humanidade, tornando-Se um de nós, sendo "verdadeiramente homem, ao mesmo tempo, verdadeiramente Deus". Está aí o grande mistério em venerar, honrar e homenagear Maria: em sua grandeza dentro da sua simplicidade, em carregar dentro de si, por nove meses, o próprio Deus encarnado.

Contudo, Maria foi grande também por ser mulher do silêncio. Diz a Escritura que "ela guardava tudo em seu coração" – o silêncio de Maria não era um silêncio da omissão, mas um silêncio da ponderação e oração. Escutava para que tudo aquilo que entrasse pelos seus ouvidos pudesse se tornar oração que chegasse a Deus. Maria nos ensina esse silêncio. Quantas discussões poderiam ser evitadas se decidíssemos pelo silêncio!

Quantos casamentos poderiam ser preservados se os dois resolvessem praticar o silêncio na hora da raiva! E quanta paz poderia ser realidade se ouvíssemos mais do que falássemos!

Maria é mulher orante. Maria reza e sabe que as dores, os conflitos e as cruzes são somente superados com muita oração. Por isso, ela é forte, pois sua força vem da oração. Maria é mestra da oração e deve nos ensinar que, diante da cruz, não há por que se desesperar, e sim rezar e acreditar que jamais estaremos abandonados. É ela que está de pé diante de seu Filho crucificado. Ela não se joga no chão do desespero, mas permanece firme, silenciosa e orante.

Maria é intercessora. É ela quem intervém naquele que poderia ser o grande fiasco do casamento em Caná. Estava prestes a faltar vinho, e Maria, diante de seu Filho, pede e o milagre acontece. Assim também pedimos à Maria que peça a Jesus e o milagre acontece. Maria nos ensina a ser intercessores e a intervir quando vemos que o outro precisa de nossa ajuda. Maria nos ensina a não esperar muito para oferecer-se em auxílio daquele que é necessitado.

Imitar Maria é aproximar-se de seu filho Jesus.

Lc 6,6-11

O homem da mão seca

6. Em outro dia de sábado, Jesus entrou na sinagoga e ensinava. Achava-se ali um homem que tinha a mão direita seca. **7.** Ora, os escribas e os fariseus observavam Jesus para ver se ele curaria no dia de sábado. Eles teriam então pretexto para acusá-lo. **8.** Mas Jesus conhecia os pensamentos deles e disse ao homem que tinha a mão seca: Levanta-te e põe-te em pé, aqui no meio. Ele se levantou e ficou em pé. **9.** Disse-lhes Jesus: Pergunto-vos se no sábado é permitido fazer o bem ou o mal; salvar a vida, ou deixá-la perecer. **10.** E relanceando os olhos sobre todos, disse ao homem: Estende tua mão. Ele a estendeu, e foi-lhe restabelecida a mão. **11.** Mas eles encheram-se de furor e indagavam uns aos outros o que fariam a Jesus.

A palavra de Jesus é alimento

A mão seca é mais do que uma doença física; aqui, ela quer dizer sem vida, entregue, vivendo na tristeza. O homem da mão seca passa por uma aridez espiritual porque está longe da fonte que dá a vida, não está se alimentando da seiva que é Jesus. Quando nos afastamos de Jesus, deixamos de nos alimentar da seiva que nos faz permanecer em pé. Jesus percebe isso e nos diz: "Fica em pé, volta à vida, ressuscita". Muitas vezes, passamos também por essa secura do coração, não sentimos vontade de rezar, a Palavra de Deus já não nos entusiasma e não conseguimos mais sentir a presença d'Ele. Estamos secos. Ao nos afastarmos de Jesus, nossa vida perde a graça e nos sentimos definhar sem o amor que nos mantém vivos. Então Jesus diz, agora, para nós: fica em pé, volta à vida e ressuscita.

Enquanto isso, os escribas e fariseus ficam à procura de um pretexto para acusar Jesus. E, como se desprezassem a cura, preferem se prender ao fato de Jesus ter feito a cura em um sábado, o que é contra a lei da sinagoga. Contudo, Jesus disse, antes: "Pergunto-vos se no sábado é permitido fazer o bem ou o mal; salvar a vida, ou deixá-la perecer".

Ninguém consegue ficar fisicamente em pé se não se nutrir do alimento físico. Do mesmo modo, quem quer seguir Jesus tem de se alimentar de Sua Palavra, seu alimento espiritual, para que possa permanecer firme na fé. Quem, ao contrário, não crê e prefere procurar motivos para acusar Jesus, mais cedo ou mais tarde perece em suas escolhas, e não por vingança divina, mas porque são vazias de sentido. **(Ver Mt 12,9-14; Mc 3,1-6.)**

Lc 7,1-10

O servo do centurião

1. Tendo Jesus concluído todos os seus discursos ao povo que o escutava, entrou em Cafarnaum. **2.** Havia lá um centurião que tinha um servo a quem muito estimava e que estava à morte. **3.** Tendo ouvido falar de Jesus, enviou-lhe alguns anciãos dos judeus, rogando-lhe que o viesse curar. **4.** Aproximando-se eles de Jesus, rogavam-lhe encarecidamente: Ele bem merece que lhe faças este favor, **5.** pois é amigo da nossa nação e foi ele mesmo quem nos edificou uma sinagoga. **6.** Jesus então foi com eles. E já não estava longe da casa, quando o centurião lhe mandou dizer por amigos seus: Senhor, não te incomodes tanto assim, porque não sou digno de que entres em minha casa; **7.** por isso nem me achei digno de chegar-me a ti, mas dize somente uma palavra e o meu servo será curado. **8.** Pois também eu, simples subalterno, tenho soldados às minhas ordens; e digo a um: Vai ali! E ele vai; e a outro: Vem cá! E ele vem; e ao meu servo: Faze isto! E ele o faz. **9.** Ouvindo estas palavras, Jesus ficou admirado. E, voltando-se para o povo que o ia seguindo, disse: Em verdade vos digo: nem mesmo em Israel encontrei tamanha fé.

10. Voltando para a casa do centurião os que haviam sido enviados, encontraram o servo curado.

Basta uma palavra

Um centurião romano não era judeu nem religioso. Ele não seguia Jesus, mas, tendo ouvido falar de Jesus, pediu que os anciãos intercedessem junto a Jesus para curar seu servo que estava muito doente. Os anciãos foram correndo falar com Jesus porque havia interesse nessa cura – o centurião romano amava o seu povo e havia construído até uma sinagoga e, se Jesus curasse seu servo, com certeza ele mandaria construir muitas outras.

Contudo, em vez disso, o que fez Jesus ir até o centurião romano e curar seu servo foi a fé enorme de quem se entrega totalmente: "é só o Senhor querer, e dizer uma só palavra e ele será curado".

É essa fé que nos falta. Essa fé de entrega. Falta-nos uma relação plena com Deus – total e de confiança. Precisamos praticar essa vida de oração e transformá-la em gestos de confiança em Deus. De nada adianta ir à missa, rezar o terço, comungar, se desconfiamos do poder de Deus, de Sua presença. Confiamos desconfiando. Pedimos e não acreditamos plenamente. Rezamos e ficamos na dúvida – isto não é confiança. Se confio, acredito que o que peço virá no momento certo. Precisamos dessa atitude de fé do centurião: "dize somente uma palavra e o meu servo será curado". Ele pediu e nem foi conferir se havia acontecido a cura. Ele pediu e acreditou. E isso basta. Se peço, cabe a mim somente esperar, pois o Senhor não nos decepciona. (Ver Mt 8,5-13; Jn 4,46-54.)

Lc 12,49-53

Jesus veio trazer fogo sobre a terra

49. Eu vim lançar fogo à terra, e que tenho eu a desejar se ele já está aceso? **50.** Mas devo ser batizado num batismo; e quanto anseio até que ele se cumpra! **51.** Julgais que vim trazer paz à terra? Não, digo-vos, mas separação. **52.** Pois de ora em diante haverá numa mesma casa cinco pessoas divididas, três contra duas, e duas contra três; **53.** estarão divididos: o pai contra o filho, e o filho contra o pai; a mãe contra a filha, e a filha contra a mãe; a sogra contra a nora, e a nora contra a sogra.

A DIVISÃO E O CONFLITO FAZEM PARTE DO CAMINHO

Nessa passagem, Jesus diz que não veio trazer paz sobre a terra, e sim atear fogo e trazer divisão. O fogo de que Jesus fala é a presença de Deus sobre a terra para santificá-la. O fogo é princípio de purificação. Para se separar o ouro das impurezas, é necessário passá-lo pelo crisol, que é um recipiente para fundir metais a temperatura elevada. Coloca-se ali o ouro e ateia-se fogo para que, assim, as impurezas sejam separadas e fique somente o ouro puro. De crisol vem a nossa palavra "crise", pois, na verdade, toda crise que passamos em nossa vida é momento de purificação. Enquanto estamos em crise, é como se fôssemos provados pelo fogo que queima, arde e machuca, mas por fim nos torna melhores e mais maduros. O fogo que nos purifica e separa o ouro das impurezas é o fogo trazido por Jesus. O Espírito Santo de Deus purifica, separa o que é bom do que é ruim.

A divisão da qual Jesus fala é a que acontece pela sua presença. Na verdade, Jesus divide o tempo e a história. Afinal, marcamos o tempo em antes de Cristo e depois de Cristo. A história é determinada tendo como referência Jesus Cristo. No entanto, a maior divisão que Jesus provoca é a ruptura dos velhos costumes viciados. Jesus rompe com uma cultura de injustiça e ódio, e inaugura um tempo de amor e perdão. Jesus separa aqueles que são bons daqueles que são intrinsecamente maus. Ser bom é ter um coração misericordioso que se volta para quem precisa e age em favor do sofredor. Ser bom é viver o perdão que não se esgota em sete vezes. Ser bom é superar o olho por olho e dente por dente. Jesus realmente traz a divisão entre amor e ódio, entre perdão e vingança, entre o bem e o mal.

Essa divisão acontece quando assumimos os ensinamentos do Senhor em nossas vidas. Em Jesus, você é ou não é. Assume ou não assume. Não dá para ter ambiguidade. Ou você opta pelo bem, pelo amor, pela caridade e pela solidariedade, ou fica do outro lado.

Quando escolhemos o lado do bem, há uma ruptura com o que passou. Quando optamos pela fé, pelo amor a Jesus, passamos a viver um novo tempo e o resto fica para trás. E, ao defender meu ponto de vista sobre as coisas de Deus, posso entrar em choque de opiniões, podendo até trazer discórdia para dentro da minha própria casa, com as pessoas que não fizeram a mesma opção de seguir Jesus. Mesmo assim, não desista de Jesus, mesmo que pareça que o mundo se coloca contra você. Escolha o lado certo, escolha o lado do amor. **(Ver Mt 10,34-39; Mc 8,34-35; Lc 9,23-24.14,26-27.)**

Lc 21,1-4

A oferta da viúva

1. Levantando os olhos, viu Jesus os ricos que deitavam as suas ofertas no cofre do templo. **2.** Viu também uma viúva pobrezinha deitar duas pequeninas moedas, **3.** e disse: Em verdade vos digo: esta pobre viúva pôs mais do que os outros. **4.** Pois todos aqueles lançaram nas ofertas de Deus o que lhes sobra; esta, porém, deu, da sua indigência, tudo o que lhe restava para o sustento.

Dar o máximo

A oferta da viúva foi a melhor, porque ela deu tudo o que tinha. Quando temos coração bom, queremos dar ao outro não o que nos sobra, mas tudo que temos. Esquecemo-nos até de nós mesmos. Isso não se trata apenas de bens materiais. Aliás, se fundamentarmos a nossa caridade somente na doação de dinheiro, ela se esvazia e perde o sentido. Dar o que se tem é mais do que transação monetária. Pode ser dedicar ao outro um pouco do nosso tempo. Dar atenção a quem precisa de uma palavra amiga, porque passa por alguma situação difícil. Oferecer para estar com alguém que sofre solidão. Dar a nossa alegria para quem se angustia na tristeza. Isso é dar tudo o que temos.

Agir com fé é também investir nossas energias ao limite do corpo naquilo que desejamos ver prosperar. A fé é provada pelo nosso empenho. Você precisa ter a certeza de que o seu propósito é bom, que não vai ferir nem tirar algo das outras pessoas, que está lutando dignamente com seu trabalho. Estando em paz nessas questões, aja com fé e batalhe dando tudo o que tem. Não aja com timidez, com fraqueza, quando o assunto for a doação de si mesmo, pois, se há algo que um cristão deve ter, é fibra, energia e entrega sem limites, pois Deus também nos provê dessa força para alcançarmos o máximo a cada dia. **(Ver Mc 12,41-44.)**

Lc 21,5-19

Anúncio da destruição do Templo

5. Como lhe chamassem a atenção para a construção do templo feito de belas pedras e recamado de ricos donativos, Jesus disse: **6.** Dias virão em que destas coisas que vedes não ficará pedra sobre pedra: tudo será destruído. **7.** Então o interrogaram: Mestre, quando acontecerá isso? E que sinal haverá para saber-se que isso se vai cumprir? **8.** Jesus respondeu: Vede que não sejais enganados. Muitos virão em meu nome, dizendo: Sou eu; e ainda: O tempo está próximo. Não sigais após eles. **9.** Quando ouvirdes falar de guerras e de tumultos, não vos assusteis; porque é necessário que isso aconteça primeiro, mas não virá logo o fim. **10.** Disse-lhes também: Levantar-se-ão nação contra nação e reino contra reino. **11.** Haverá grandes terremotos por várias partes, fomes e pestes, e aparecerão fenômenos espantosos no céu. **12.** Mas, antes de tudo isso, vos lançarão as mãos e vos perseguirão, entregando-vos às sinagogas e aos cárceres, levando-vos à presença dos reis e dos governadores, por causa de mim. **13.** Isto vos acontecerá para que vos sirva de testemunho. **14.** Gravai bem no vosso espírito de não preparar vossa defesa, **15.** porque eu vos darei uma palavra cheia de sabedoria, à qual não poderão resistir nem contradizer os vossos adversários. **16.** Sereis entregues até por vossos pais, vossos irmãos, vossos parentes e vossos amigos, e matarão muitos de vós. **17.** Sereis odiados por todos por causa do meu nome. **18.** Entretanto, não se perderá um só cabelo da vossa cabeça. **19.** É pela vossa constância que alcançareis a vossa salvação.

Ser constante na fé

Hoje, quando ouvimos falar de povos brigando com outros povos, doenças se alastrando, terremotos e catástrofes, temos a tendência a dizer que estamos no final dos tempos. No entanto, isso tudo já acontecia desde os primórdios e era muito pior do que acontece hoje. Seguindo esse raciocínio, já era para ter acabado o mundo, não é mesmo?

O que nós temos de fazer é lutar contra essas brigas, contra esses desentendimentos, fazer a nossa parte contra as injustiças. Ficar parados diante desse mundo de dor e de sofrimento nos afasta cada vez mais de Deus, acaba com o nosso relacionamento com Ele.

Somos responsáveis pela criação de um mundo melhor. Quando Jesus fala em fim do mundo, Ele quer nos propor o fim de um mundo de injustiça, de violência, o fim de um mundo em que as pessoas não são respeitadas por causa das guerras, e o fim de um mundo em que o ódio é maior que o amor. Esse tipo de mundo precisa ter um fim, para que se inicie um mundo novo a partir da proposta de amor e solidariedade feita por Jesus. Se Jesus menciona o fim do mundo, o faz para que um mundo de dor chegue ao fim para dar início a um mundo de amor e paz.

Começaremos um mundo novo. Devemos nos preparar para a chegada d'Aquele que nos trará esse mundo novo e, para isso, temos de permanecer fiéis a Jesus, firmes na fé. Caminhar com Ele para, juntos, alcançarmos a vitória. **(Ver Mt 24,1-8.10,17-22; Mc 13,1-13.)**

ACREDITAR

Mt 8,28-34

Os possessos de Gadara

28. No outro lado do lago, na terra dos gadarenos, dois possessos de
demônios saíram de um cemitério e vieram-lhe ao encontro. Eram tão
furiosos que pessoa alguma ousava passar por ali. **29.** Eis que se puse-
ram a gritar: Que tens a ver conosco, Filho de Deus? Vieste aqui para
nos atormentar antes do tempo? **30.** Havia, não longe dali, uma grande
manada de porcos que pastava. **31.** Os demônios imploraram a Jesus:
Se nos expulsas, envia-nos para aquela manada de porcos. **32.** Ide,
disse-lhes. Eles saíram e entraram nos porcos. Nesse instante toda a
manada se precipitou pelo declive escarpado para o lago, e morreu nas
águas. **33.** Os guardas fugiram e foram contar na cidade o que se tinha
passado e o sucedido com os endemoninhados. **34.** Então a população
saiu ao encontro de Jesus. Quando o viu, suplicou-lhe que deixasse
aquela região.

OLHE EM VOLTA E VEJA AS OBRAS DIVINAS

Em primeiro lugar, o Evangelho usa a manada de porcos como uma figura de linguagem. A intenção é mostrar que o que não presta é para ser jogado fora: os porcos caíram do desfiladeiro e morreram no mar.

Jesus é aquele que devolve a vida, que tem a autoridade reconhecida. Quando expulsa o demônio dos corpos dos possessos, Ele está restaurando suas vidas. Quando vivemos uma vida de ódio, oposta às coisas da fé, da religião, quando criticamos tudo, nós expulsamos Jesus da nossa vida, do nosso coração, e vivemos como mortos, como possuídos pelos "demônios". Isso porque enfraquecemos o nosso relacionamento com Deus. Estamos possuídos pelo "demônio" dos vícios, do ódio, da maledicência, da falta de perdão, do egoísmo, e de muitos outros demônios que nos fazem cativos. É preciso expulsá-los de nossas vidas para nos relacionarmos com Deus. Só assim seremos plenamente felizes.

Observe a reação das pessoas: elas não conseguiram ver o milagre do Cristo em restituir a vida a duas pessoas. O que mais chamou a atenção daquele povo foi a perda da manada de porcos, que se tornou um fato extraordinário. Preferiram olhar para a perda da manada a olhar para a vida nova dos dois possessos. É preciso estar atento para não ignorar as obras de Deus porque, em um pequeno ângulo de visão, elas nos parecem desfavoráveis. **(Ver Mc 5,1-20; Lc 8,26-39.)**

Mc 1,14-20

A boa-nova anunciada por Jesus

14. Depois que João foi preso, Jesus dirigiu-se para a Galileia. Pregava o
Evangelho de Deus, e dizia: **15.** "Completou-se o tempo e o Reino de
Deus está próximo; fazei penitência e crede no Evangelho." **16.** Passando
ao longo do mar da Galileia, viu Simão e André, seu irmão, que lançavam
as redes ao mar, pois eram pescadores. **17.** Jesus disse-lhes: "Vinde após
mim; eu vos farei pescadores de homens." **18.** Eles, no mesmo instante,
deixaram as redes e seguiram-no. **19.** Uns poucos passos mais adiante,
viu Tiago, filho de Zebedeu, e João, seu irmão, que estavam numa barca,
consertando as redes. E chamou-os logo. **20.** Eles deixaram na barca seu
pai Zebedeu com os empregados e o seguiram.

Pescadores de homens

Há dois pontos que quero destacar nessa passagem do Evangelho.

Quando Jesus chama os discípulos para deixarem suas redes e segui-Lo, eles o fazem imediatamente. Não falam: "Vou pensar, vou ver se vale a pena". Eles seguem Jesus imediatamente, sem colocar nada entre eles e Jesus. Maria, quando recebeu o anúncio, não disse: "Vou pensar e depois dou a resposta". Respondeu "sim" imediatamente. Nós também precisamos ouvir quando Jesus nos chama e dar a nossa resposta imediatamente – e não ficar inventando desculpas.

O segundo ponto importante: consertar a rede. Será que o Evangelho está se referindo ao conserto de redes ou há algo mais por trás dessas palavras? Ao dizer que João e

Tiago consertavam as redes, devemos penetrar mais nessa palavra e perceber que a rede para o pescador era sua vida, então consertar as redes é consertar a própria vida, ver onde há buracos e consertá-los, perceber onde os erros aconteceram e corrigi-los. Consertar redes quer dizer consertar nossas vidas. Parar tudo, rever algumas coisas, consertar algum buraco de nossa rede para que a vida possa ter continuidade. Aquela rede de João e Tiago ficou totalmente nova quando eles aceitaram a proposta de Jesus e o seguiram. Suas vidas foram consertadas a partir da decisão corajosa de seguir Jesus. Só n'Ele encontraremos o rumo certo que dará sentido à nossa vida. Temos de seguir Jesus sem pestanejar, agora. (Ver Mt 4,12-22; Lc 4,14-15.5,1-3.)

Mc 1,29-39

A sogra de Pedro

29. Assim que saíram da sinagoga, dirigiram-se com Tiago e João à casa de Simão e André. **30.** A sogra de Simão estava de cama, com febre; e sem tardar, falaram-lhe a respeito dela. **31.** Aproximando-se ele, tomou-a pela mão e levantou-a; imediatamente a febre a deixou e ela pôs-se a servi-los. **32.** À tarde, depois do pôr do sol, levaram-lhe todos os enfermos e possessos do demônio. **33.** Toda a cidade estava reunida diante da porta. **34.** Ele curou muitos que estavam oprimidos de diversas doenças, e expulsou muitos demônios. Não lhes permitia falar, porque o conheciam. **35.** De manhã, tendo-se levantado muito antes do amanhecer, ele saiu e foi para um lugar deserto, e ali se pôs em oração. **36.** Simão e os seus companheiros saíram a procurá-lo. **37.** Encontra-

ram-no e disseram-lhe: "Todos te procuram." **38.** E ele respondeu-lhes:
"Vamos às aldeias vizinhas, para que eu pregue também lá, pois, para
isso é que vim." **39.** Ele retirou-se dali, pregando em todas as sinagogas e
por toda a Galileia, e expulsando os demônios.

O toque de Deus

O gesto de Jesus é cheio de ternura. Ele se aproxima e se curva até aquela enferma. Jesus fica próximo e se rebaixa até ao nosso nível para nos levantar e resgatar da nossa doença. Jesus toca e a febre passa. Jesus nos toca e todas as doenças fogem. Jesus nos toca e faz desaparecer o ódio, o egoísmo, a inveja e a mentira – somos curados pelo toque de Jesus.

No texto do Evangelho a sogra de Pedro não tem nome. É simplesmente chamada de "sogra de Pedro"; ora, essa mulher tinha um nome, mas o evangelista fez questão de não dizer. A resposta para isso é que "a sogra de Pedro" pode ser qualquer um de nós. Eu e você devemos nos colocar no lugar da sogra de Pedro.

Depois que aquela mulher foi curada, ela se levantou e pôs-se a servir. Ninguém que é tocado por Jesus fica parado. Todos querem servir, estar a serviço. Quem experimentou o toque de Jesus e foi curado por Ele é levado a sair do seu comodismo e se colocar a serviço do outro.

Quanto a mim, preciso estender a minha mão para Jesus, para que Ele possa me levantar. Se eu não estendo a mão, como é que Ele vai me levantar? Ele sabe das minhas angústias, do meu sofrimento. Estender a nossa mão significa dar chances para Ele entrar na minha vida. Ter tempo para Ele. Estar com Ele todos os dias.

Mc 6,45-52

Jesus anda sobre as águas

45. Imediatamente ele obrigou os seus discípulos a subirem para a
barca, para que chegassem antes dele à outra margem, em frente de
Betsaida, enquanto ele mesmo despedia o povo. **46.** E despedido que
foi o povo, retirou-se ao monte para orar. **47.** À noite, achava-se a
barca no meio do lago e ele, a sós, em terra. **48.** Vendo-os se fatiga-
rem em remar, sendo-lhes o vento contrário, foi ter com eles pelas
três horas da manhã, andando por cima do mar, e fez como se fosse
passar ao lado deles. **49.** À vista de Jesus, caminhando sobre o mar,
pensaram que fosse um fantasma e gritaram; **50.** pois todos o viram
e se assustaram. Mas ele logo lhes falou: Tranquilizai-vos, sou eu; não
tenhais medo! **51.** E subiu para a barca, junto deles, e o vento cessou.
Todos se achavam tomados de um extremo pavor, **52.** pois ainda
não tinham compreendido o caso dos pães; os seus corações esta-
vam insensíveis.

Falta confiar

Na linguagem bíblica, o mar significa as dificuldades e os tormentos da nossa vida. Estar no mar significa que estamos passando por esse momento. Por isso Jesus se faz presente e anda sobre o mar, pois, andando sobre as dificuldades e os tormentos, Ele se mostra superior e vitorioso sobre tudo isso. Com os ventos contrários, todos têm medo, mas Jesus se aproxima e diz: "fiquem tranquilos, não tenham medo".

A barca da nossa vida está no meio do mar. As dificuldades e os sofrimentos fazem a noite escura em nossa vida, com ventos contrários. Não confiamos e ficamos sempre a lamentar: "estou cansado de tanto rezar e nada melhora".

Perceba que o Evangelho evidencia a hora em que Jesus chegou: três da madrugada. Porque três da madrugada é o meio da noite, é a hora mais escura, é o momento mais triste, mais pesaroso, mais sofrido. Quem é que chega nesta hora tão escura de nossa vida? Jesus, acalmando a tempestade da nossa vida. Ele, que é maior que qualquer dificuldade, maior que qualquer sofrimento, maior que qualquer problema. Com a sua presença, a tempestade se acalma e o mar fica sereno.

Assim como os discípulos de Jesus acharam que era um fantasma andando sobre as águas, nós também não acreditamos que ele seja maior que nossas dificuldades e aí continuamos a sofrer, porque não confiamos. Falta confiar.

Jesus disse: "Não tenhais medo". Quando os discípulos confiaram no Senhor, o vento cessou e tudo se acalmou. E não falo que tudo precise acontecer tão rápido, mas se você confiar e se empenhar para que a solução de seu problema aconteça e dedicar atenção a isso e rezar, não há como não ver o problema resolvido. Tudo tem solução, mas se não confiarmos que Ele nos trará a luz, continuaremos na noite escura, sofrendo e sofrendo.

Confie em Jesus, porque só Ele pode lhe ajudar. Só Ele pode lhe dar a luz, a solução para todas as tempestades de sua vida. Só Ele pode lhe tirar da noite escura e trazer a luz do novo dia. (Ver Mt 14,22-33; Jo 6,16-21.)

Mc 16,15-18

A missão

15. E disse-lhes: Ide por todo o mundo e pregai o Evangelho a toda cria-
tura. **16.** Quem crer e for batizado será salvo, mas quem não crer será
condenado. **17.** Estes milagres acompanharão os que crerem: expulsa-
rão os demônios em meu nome, falarão novas línguas, **18.** manusearão
serpentes e, se beberem algum veneno mortal, não lhes fará mal; impo-
rão as mãos aos enfermos e eles ficarão curados.

Milagres

Certamente se você for brincar com uma cobra venenosa vai se dar mal. Com toda a certeza, se insistir em tomar algum veneno, vai morrer. No entanto, onde estão os milagres que acompanharão aqueles que crerem?

Não, Jesus não está brincando nem fazendo propaganda enganosa. Ele só está nos dizendo uma verdade com outras palavras. Aliás, Jesus gosta de usar essa técnica. Quem crer e acolher a sua Palavra e se propuser a espalhá-la e cumpri-la verdadeiramente verá acontecer tais milagres. Demônios serão expulsos, afinal sentimentos diabólicos permeiam o pensamento de tanta gente e atitudes de morte nos fazem sentir em um verdadeiro inferno e tudo isso precisa ser expulso. E aquele que crê há de expulsar tudo isso. E as serpentes? Quantas serpentes venenosas querem atacar o projeto de Deus? Quantas serpentes destilam seus venenos quando a verdade se ergue? É essa serpente que tomaremos em nossas mãos para esmagar. E os venenos mortais? Vejo tantas boas iniciativas e tantas pessoas generosas serem envenenadas pelo ódio e pela ganância, mas aquele que coloca sua confiança em Deus, com toda a certeza, não será afetado por nenhum veneno mortal. Enfim, e aqueles que vão falar novas línguas? Esse é um convite para você para que a Palavra de Deus e Sua mensagem de esperança e vida nova sejam espalhadas em todo o mundo e proclamadas em todas as línguas. Quantos milagres veremos acontecer se realmente acreditarmos e vivenciarmos essas palavras! **(Ver Mt 28,19-20.)**

Jo 1,45-51

Vocação de Natanael

45. Filipe encontra Natanael e diz-lhe: Achamos aquele de quem Moisés escreveu na lei e que os profetas anunciaram: é Jesus de Nazaré, filho de José. **46.** Respondeu-lhe Natanael: Pode, porventura, vir coisa boa de Nazaré? Filipe retrucou: Vem e vê. **47.** Jesus vê Natanael, que lhe vem ao encontro, e diz: Eis um verdadeiro israelita, no qual não há falsidade. **48.**

Natanael pergunta-lhe: Donde me conheces? Respondeu Jesus: Antes que Filipe te chamasse, eu te vi quando estavas debaixo da figueira. **49.** Falou-lhe Natanael: Mestre, tu és o Filho de Deus, tu és o rei de Israel. **50.** Jesus replicou-lhe: Porque eu te disse que te vi debaixo da figueira, crês! Verás coisas maiores do que esta. **51.** E ajuntou: Em verdade, em verdade vos digo: vereis o céu aberto e os anjos de Deus subindo e descendo sobre o Filho do Homem.

A CONVERSÃO

Por causa do preconceito, Natanael quase deixa de conhecer Jesus. Ele estava contaminado pela arrogância e pelo preconceito: "Pode vir alguma coisa boa de Nazaré?".

Sem conhecer Jesus, mas por ter sabido que vinha de Nazaré, Natanael torce o nariz e está prestes a deixar de lado a mudança que sua vida precisa ter. Contudo, Jesus lhe diz carinhosamente: "eu já lhe conheço, antes que você me conhecesse".

Jesus nos conhece profundamente e, mesmo que torçamos o nariz para Ele, continua nos amando. Mesmo que o consideremos fora de moda, continua nos querendo. Mesmo que a gente diga que Ele já está ultrapassado, pois religião é coisa de quem não é intelectual, continua apostando em nosso amor. A verdade é que Jesus não desiste de nós.

Se o obstáculo preconceituoso de Natanael quase afastou Jesus, o amor do Senhor por ele e a sua insistência em conhecê-lo profundamente foram maiores. E, depois que Natanael sentiu o amor incondicional do Senhor, sua vida mudou, e passou a ser Seu apóstolo.

Não deixe que o preconceito afaste você de Jesus e dos outros. Desarme-se e ame sem perguntar por que se ama.

Jo 12,44-50

O julgamento diante da Palavra

44. Entretanto, Jesus exclamou em voz alta: Aquele que crê em mim, crê não em mim, mas naquele que me enviou; **45.** e aquele que me vê, vê aquele que me enviou. **46.** Eu vim como luz ao mundo; assim, todo aquele que crer em mim não ficará nas trevas. **47.** Se alguém ouve as minhas palavras e não as guarda, eu não o condenarei, porque não vim para condenar o mundo, mas para salvá-lo. **48.** Quem me despreza e não recebe as minhas palavras, tem quem o julgue; a palavra que anunciei julgá-lo-á no último dia. **49.** Em verdade, não falei por mim mesmo, mas o Pai, que me enviou, ele mesmo me prescreveu o que devo dizer e o que devo ensinar. **50.** E sei que o seu mandamento é vida eterna. Portanto, o que digo, digo-o segundo me falou o Pai.

JESUS, A VERDADEIRA LUZ

Jesus veio como luz que dissipa as trevas. A escuridão não nos deixa enxergar as pessoas. Se falta luz, tropeçamos, passamos por cima do outro e acabamos por machucar quem está perto de nós. Sem luz, ferimos e somos feridos. Quando estamos nas trevas, machucamos as pessoas com nossas palavras ofensivas, com nossas más atitudes e nossos maus exemplos.

Afastar-se de Jesus é penetrar na escuridão espiritual. Sem Ele, nossa vida se transforma em um verdadeiro desastre. É verdade que às vezes buscamos tênues luzinhas pensando que nossa vida será iluminada – ledo engano, não passam de lamparinas tentando ser holofotes. Também achamos que a luz do conhecimento irá transformar nossa existência, mas, infelizmente, essa luz só abre o intelecto, e não a alma. Uma vez, na história, pensaram que pudessem banir a religião e a fé propondo uma luz que traria ao mundo clareza – chamaram-na de Iluminismo. Os iluministas achavam que podiam transformar o mundo sem Deus, mas somente com a filosofia e o conhecimento, que, pretensamente, iluminariam o mundo. Queriam iluminar sem a Luz. Nada aconteceu. A tal luz prometida não passou de um farolete. Luz mesmo é aquela capaz de iluminar a alma e mudar a essência do ser humano. Luz é aquela capaz de tirar a angústia da alma e fazê-la tornar a viver. Essa luz é Jesus. Não há outra. Se procura iluminar a sua vida e encontrar a felicidade que se perdeu no caminho, procure a Luz como o marinheiro que se guia pelo farol e, seguindo essa luz, encontre a felicidade. Lembre-se de que essa luz só pode ser Jesus.

Mt 18,15-20

A correção fraterna

15. Se teu irmão tiver pecado contra ti, vai e repreende-o entre ti e ele
somente; se te ouvir, terás ganho teu irmão. **16.** Se não te escutar, toma
contigo uma ou duas pessoas, a fim de que toda a questão se resolva

pela decisão de duas ou três testemunhas. **17.** Se recusa ouvi-los, dize-o à Igreja. E se recusar ouvir também a Igreja, seja ele para ti como um pagão e um publicano. **18.** Em verdade vos digo: tudo o que ligardes sobre a terra será ligado no céu, e tudo o que desligardes sobre a terra será também desligado no céu. **19.** Digo-vos ainda isto: se dois de vós se unirem sobre a terra para pedir, seja o que for, consegui-lo-ão de meu Pai que está nos céus. **20.** Porque onde dois ou três estão reunidos em meu nome, aí estou eu no meio deles.

Corrigir não é humilhar

Todos nós temos a obrigação de corrigir caridosa e carinhosamente quando ouvimos ou vemos algo errado, para que o outro não peque e não venha a se perder. O grande problema é que corremos o risco de pecar também se deixarmos a nossa correção se transformar em uma oportunidade de humilhar o outro. Devemos criticar construtivamente porque queremos o bem da pessoa. No entanto, se a nossa crítica for contaminada pela vingança, pelo ódio, pela simples vontade de ver o mal do outro, eu estou destruindo-o e também cometendo pecado. Devo amar o irmão a ponto de corrigi-lo e não humilhá-lo. Em primeiro lugar, devemos falar direto com a pessoa, em segredo. Em segundo lugar, deve haver necessidade, utilidade e bondade. Isto é, se é necessária aquela crítica, se é útil a minha correção e se será bom para ela que eu aponte o seu erro. Faça a si mesmo as perguntas: é realmente necessário corrigir? É útil? É bom? Vai trazer algum benefício? Não? Então, cale-se.

Mc 12,18-27

A ressurreição dos mortos

18. Ora, vieram ter com ele os saduceus, que afirmam não haver ressurreição, e perguntaram-lhe: **19.** Mestre, Moisés prescreveu-nos: Se morrer o irmão de alguém, e deixar mulher sem filhos, seu irmão despose a viúva e suscite posteridade a seu irmão. **20.** Ora, havia sete irmãos; o primeiro casou e morreu sem deixar descendência. **21.** Então o segundo desposou a viúva, e morreu sem deixar posteridade. Do mesmo modo o terceiro. **22.** E assim tomaram-na os sete, e não deixaram filhos. Por último, morreu também a mulher. **23.** Na ressurreição, a quem destes pertencerá a mulher? Pois os sete a tiveram por mulher. **24.** Jesus respondeu-lhes: Errais, não compreendendo as Escrituras nem o poder de Deus. **25.** Na ressurreição dos mortos, os homens não tomarão mulheres, nem as mulheres, maridos, mas serão como os anjos nos céus. **26.** Mas quanto à ressurreição dos mortos, não lestes no livro de Moisés como Deus lhe falou da sarça, dizendo: Eu sou o Deus de Abraão, o Deus de Isaac e o Deus de Jacó (Ex 3,6)? **27.** Ele não é Deus de mortos, senão de vivos. Portanto, estais muito errados.

O RENASCIMENTO DO AMOR

Os saduceus queriam saber como seria a ressurreição. Uma dúvida frequente entre nós. Também queremos saber como será a vida eterna. Na visão deles, a vida eterna seria simplesmente uma continuação dessa vida, sem mudanças substanciais. Eles imaginavam que, na ressurreição, as pessoas ainda se dariam em casamento ou que fossem mantidas as mesmas limitações de tempo, espaço e relações. É Jesus quem diz:

"errais não compreendendo as Escrituras" – em outras palavras, Jesus estava querendo dizer: "vocês estão entendendo tudo errado".

Na ressurreição, não haverá limitações. Essa é a primeira mudança. Não precisaremos mais das coisas e dos outros, pois só Deus basta. Dizer que seremos como anjos no céu significa que viveremos somente do amor. Sim, reconheceremos e conviveremos com aqueles que são nossos pais, filhos, irmãos e amigos, afinal amor que é amor é para sempre e o será também na eternidade, mas o nosso sentimento em relação a eles será de um amor puro e totalmente superior. Ora, aqui nesta vida, o nosso amor é misturado com interesses e, às vezes, queremos estar com o outro simplesmente para não estarmos sozinhos. No céu, será amor pleno, um amor que nos bastará.

Mudar a nossa maneira de amar e ser amado só acontece com a morte. Não há outra maneira de ressuscitar. Enquanto o céu não chega, temos de tentar viver esse amor-doação, esse amor-entrega, pensar mais no outro. Temos de viver aqui o que viveremos no céu.

Outra preocupação é o que faremos no céu. No céu não faremos nada. No céu seremos e estaremos em Deus. É para isso que fomos criados, para viver em Deus. Aqui na Terra, experimentamos algumas formas incompletas de amor, mas no céu, será amor pleno e, quando vivenciarmos esse amor, não será mais necessário fazer, mas simplesmente repousar em Deus e se deliciar em amar e ser amado. Como diz Santo Agostinho: "Minha alma está inquieta, sempre estará, enquanto não encontrar seu repouso em Ti, ó Senhor". **(Ver Mt 22,23-33; Lc 20,27-38.)**

Mc 12,28-34

O principal mandamento

28. Achegou-se dele um dos escribas que os ouvira discutir e, vendo que lhes respondera bem, indagou dele: Qual é o primeiro de todos os mandamentos? **29.** Jesus respondeu-lhe: O primeiro de todos os mandamentos é este: Ouve, Israel, o Senhor nosso Deus é o único Senhor; **30.** amarás ao Senhor teu Deus de todo o teu coração, de toda a tua alma, de todo o teu espírito e de todas as tuas forças. **31.** Eis aqui o segundo: Amarás o teu próximo como a ti mesmo. Outro mandamento maior do que estes não existe. **32.** Disse-lhe o escriba: Perfeitamente, Mestre, disseste bem que Deus é um só e que não há outro além dele. **33.** E amá-lo de todo o coração, de todo o pensamento, de toda a alma e de todas as forças, e amar o próximo como a si mesmo, excede a todos os holocaustos e sacrifícios. **34.** Vendo Jesus que ele falara sabiamente, disse-lhe: Não estás longe do Reino de Deus. E já ninguém ousava fazer-lhe perguntas.

Oração e ação

Os dois mandamentos que Jesus ensina ao ser questionado pelos escribas já eram conhecidos desde o Antigo Testamento. Amar a Deus sobre todas as coisas e amar ao próximo era já um ensinamento no Livro do Deuteronômio 6,4 e do Livro do Levítico 19,18. O grande problema era que se cumpria somente um desses mandamentos: amar a Deus. Na verdade, o mandamento do amor a Deus sobre todas as coisas é relativamente fácil. Afinal, ao Senhor Criador e Pai Onipotente rendemos glória e louvores, e sempre podemos sentir os benefícios que o Senhor nos traz. Esse mandamento era cumprido à risca. Enquanto o outro era sempre deixado de lado, afinal exige bem mais esforço e ação. Todavia, Jesus traz uma novidade. Esse mandamento sem o segundo é incompleto. Não basta amar a Deus, pois o amor a Deus deve passar necessariamente pelo outro. Amar a Deus é um movimento vertical, em que o meu amor sobe diretamente a Ele. Amar o outro é um esforço horizontal, e eu devo olhar para o meu lado e compreender que devo eleger, como objeto do meu amor, aquele que é próximo a mim.

Não podemos ter uma religião só vertical: eu e Deus. Nossa religião tem de ser como a cruz: vertical e horizontal. Vertical: eu e Deus. Horizontal: eu e o outro. Aí está a grande novidade do anúncio da boa-nova. É a nova religião que Jesus veio nos mostrar.

Precisamos aprender a olhar para os lados e de fato ajudar aqueles que precisam. É necessário entender que, para o meu amor chegar até Deus, ele precisa, necessariamente, passar pelo outro. Esses dois grandes mandamentos se completam quando a haste vertical do meu amor a Deus se encontra com a linha horizontal do meu amor ao outro. De nada adianta rezar, rezar e rezar se eu não sou capaz de olhar para o lado e enxergar o outro que precisa de mim. **(Ver Mt 22,34-40; Lc 10,25-28.)**

Lc 6,36-38

Não julgar

36. Sede misericordiosos, como também vosso Pai é misericordioso. **37.** Não julgueis, e não sereis julgados; não condeneis, e não sereis condenados; perdoai, e sereis perdoados; **38.** dai, e dar-se-vos-á. Colocar-vos-ão no regaço medida boa, cheia, recalcada e transbordante, porque, com a mesma medida com que medirdes, sereis medidos vós também.

Três formas de misericórdia

Foi Jesus quem disse: "Sede misericordiosos como o Pai o é". É uma ordem, não uma sugestão. Na prática, ele nos dá três maneiras de sermos misericordiosos:

Não julgar – essa é uma tentação que nos acomete todo o tempo, a do prejulgamento; evite-a.

Não condenar – outra fraqueza: condenar o outro, e muitas vezes condenar duramente; não somos juízes nem donos da verdade para condenar.

Perdoar – dar-se a chance de viver uma nova história com a pessoa que o ofendeu. O perdão é muito difícil, mas mais bonito se torna quando alguém é capaz de perdoar e continuar amando quem foi perdoado. (Ver Mt 7,1-5.)

Lc 9,51-52

Exigências do seguimento

51. Aproximando-se o tempo em que Jesus devia ser arrebatado deste mundo, ele resolveu dirigir-se a Jerusalém. **52.** Enviou diante de si mensageiros que, tendo partido, entraram em uma povoação dos samaritanos para lhe arranjar pousada.

Uma pousada para Jesus

Jesus enviou mensageiros à Sua frente. Quem são estes mensageiros que Jesus envia? Sim, se você está pensando que somos todos nós, acertou. Os mensageiros enviados por Jesus somos nós. Cada um de nós é enviado para preparar uma pousada para Jesus. Este foi o mandato do Senhor: ir à Sua frente para "lhe arranjar uma pousada". Com certeza, Jesus não precisa de um hotel para pousada. Ele precisa do seu coração, que é o lugar onde Ele quer morar. Se a pousada é o coração onde Jesus quer entrar, o responsável para preparar esse lugar somos nós. Vá à frente de Jesus. Prepare o coração do seu irmão com amor, por meio de suas atitudes de carinho e bondade. Fale do grande amor que Deus tem por ele. Anuncie a esperança da vida eterna. Conte para ele que Jesus venceu a morte e ressuscitou. Assim, a pousada do coração do seu irmão estará preparada para receber Jesus.

Jo 10,1-10

Jesus, a porta

1. Em verdade, em verdade vos digo: quem não entra pela porta no
aprisco das ovelhas, mas sobe por outra parte, é ladrão e salteador. **2.**
Mas quem entra pela porta é o pastor das ovelhas. **3.** A este o porteiro
abre, e as ovelhas ouvem a sua voz. Ele chama as ovelhas pelo nome e as
conduz à pastagem. **4.** Depois de conduzir todas as suas ovelhas para
fora, vai adiante delas; e as ovelhas seguem-no, pois lhe conhecem a voz.

5. Mas não seguem o estranho; antes fogem dele, porque não conhecem
a voz dos estranhos. **6.** Jesus disse-lhes essa parábola, mas não enten-
diam do que ele queria falar. **7.** Jesus tornou a dizer-lhes: Em verdade, em
verdade vos digo: eu sou a porta das ovelhas. **8.** Todos quantos vieram
antes de mim foram ladrões e salteadores, mas as ovelhas não os ouvi-
ram. **9.** Eu sou a porta. Se alguém entrar por mim será salvo; tanto
entrará como sairá e encontrará pastagem. **10.** O ladrão não vem senão
para furtar, matar e destruir. Eu vim para que as ovelhas tenham vida e
para que a tenham em abundância.

A porta está aberta

Você já se sentiu em uma situação em que pensou que não houvesse saída?

Pois é, para quem acha que não existe saída, Jesus se apresenta como a porta. Depois de bater em tantas portas, a porta que se abre para a vida plena é Jesus. Essa porta estará sempre aberta e sempre lhe mostrará a saída para seus problemas. Diante dos nossos olhos, a porta parece muito pequena, porque achamos nossos problemas grandes demais, até maiores do que a porta, e acreditamos não ter saída. E o que Jesus diz? Eu sou a saída, afinal, eu sou a porta.

Toda porta serve para entrar e sair. A porta, que é Jesus, tem duas finalidades: entrada para a vida plena e saída para os meus problemas. E essa porta tem a garantia de nunca estar fechada. Procure e abra essa porta com seu coração. Santo Agostinho dizia: "Com o coração se pede. Com o coração se procura. Com o coração se bate e é com o coração que a porta se abre".

PERSEVERANÇA

Mt 7,6-12.14

As coisas santas

6. Não lanceis aos cães as coisas santas, não atireis aos porcos as vossas
pérolas, para que não as calquem com os seus pés, e, voltando-se contra
vós, vos despedacem. **7.** Pedi e se vos dará. Buscai e achareis. Batei e vos
será aberto. **8.** Porque todo aquele que pede, recebe. Quem busca, acha.
A quem bate, abrir-se-á. **9.** Quem dentre vós dará uma pedra a seu filho,
se este lhe pedir pão? **10.** E, se lhe pedir um peixe, dar-lhe-á uma ser-
pente? **11.** Se vós, pois, que sois maus, sabeis dar boas coisas a vossos
filhos, quanto mais vosso Pai celeste dará boas coisas aos que lhe pedi-
rem. **12.** Tudo o que quereis que os homens vos façam, fazei-o vós a eles.
Esta é a lei e os profetas. **14.** Estreita, porém, é a porta e apertado o
caminho da vida e raros são os que o encontram.

O outro me reflete Deus

Observe o que os porcos fazem com a comida. Eles fuçam, jogam para trás, pisam em cima, comem, e ali mesmo defecam e tornam a fuçar. Não trate o outro como se você fosse um porco. Trate-o como você gostaria de ser tratado: como se fosse uma pérola. A melhor forma de esperar o melhor dos outros é dar aos outros o melhor de nós.

Muitas vezes recebemos atenção, carinho, compreensão e não damos o devido valor. Quantos nos lançam suas pérolas de paciência, tempo e cuidados, escondidos em um professor ou pai que ensina a lição, na conversa experiente de alguém que nos quer prevenir de algo, na comida feita com carinho ou nos cuidados com nossa saúde e ainda assim agimos com certa indiferença?

Não se esqueça: o outro é a imagem e a semelhança de Deus. Seja insistente em suas orações pedindo a fortaleza, a sabedoria e a caridade no trato com o outro. Persevere no bem para você ser o felizardo a entrar pela porta estreita. Muitos são os caminhos, só um leva à porta estreita, a porta da salvação. Lembre-se de que por esta porta entrarão aqueles que acolherem o outro como se acolhe o próprio Deus. **(Ver Lc 11,9-13.6,31.13,23-24.)**

Mt 8,18-22

Como seguir Jesus

18. Certo dia, vendo-se no meio de grande multidão, ordenou Jesus que
o levassem para a outra margem do lago. **19.** Nisto aproximou-se dele

um escriba e lhe disse: Mestre, seguir-te-ei para onde quer que fores. **20.** Respondeu Jesus: As raposas têm suas tocas e as aves do céu, seus ninhos, mas o Filho do Homem não tem onde repousar a cabeça. **21.** Outra vez um dos seus discípulos lhe disse: Senhor, deixa-me ir primeiro enterrar meu pai. **22.** Jesus, porém, lhe respondeu: Segue-me e deixa que os mortos enterrem seus mortos.

Olhar para a frente

Seguir Jesus, passar para a outra margem, é uma mudança radical de vida: mudar seu jeito de pensar, quebrar orgulho, preconceitos, abandonar comportamentos viciosos, sentimentos de vingança e ódio – círculos de relacionamentos que nada promovem a não ser o vazio da alma. São esses os demônios que nos afastam de Deus, que vão contra o Seu projeto. Seguir Jesus tem desafios enormes, as coisas ficam muito mais difíceis. Temos de acolher o perdão, viver o Evangelho. Quando Jesus diz "deixa que os mortos enterrem seus mortos", isso não quer dizer que Ele era insensível. É importante que entendamos que, naquela época, "enterrar seus mortos" era uma expressão que tinha o significado de vingar a morte de alguém para lavar a honra, fazer justiça com as próprias mãos. Jesus estava querendo dizer: esqueça o que passou, olhe para a frente, deixe a vingança para trás e venha comigo. Não temos o direito de fazer justiça com as próprias mãos. Só o perdão e o amor podem romper o circulo vicioso do ódio. Seguir Jesus é aceitar esta proposta de perdão e de uma vida nova. **(Ver Lc 9,57-60.)**

Mt 18,21-35

O perdão

21. Então Pedro se aproximou dele e disse: Senhor, quantas vezes devo
perdoar a meu irmão, quando ele pecar contra mim? Até sete vezes? **22.**
Respondeu Jesus: Não te digo até sete vezes, mas até setenta vezes sete. **23.**
Por isso, o Reino dos céus é comparado a um rei que quis ajustar contas
com seus servos. **24.** Quando começou a ajustá-las, trouxeram-lhe um
que lhe devia dez mil talentos. **25.** Como ele não tinha com que pagar, seu
senhor ordenou que fosse vendido, ele, sua mulher, seus filhos e todos os
seus bens para pagar a dívida. **26.** Este servo, então, prostrou-se por terra
diante dele e suplicava-lhe: Dá-me um prazo, e eu te pagarei tudo! **27.**
Cheio de compaixão, o senhor o deixou ir embora e perdoou-lhe a dívida.
28. Apenas saiu dali, encontrou um de seus companheiros de serviço que
lhe devia cem denários. Agarrou-o na garganta e quase o estrangulou,
dizendo: Paga o que me deves! **29.** O outro caiu-lhe aos pés e pediu-lhe:
Dá-me um prazo e eu te pagarei! **30.** Mas, sem nada querer ouvir, este
homem o fez lançar na prisão, até que tivesse pago sua dívida. **31.** Vendo
isto, os outros servos, profundamente tristes, vieram contar a seu senhor
o que se tinha passado. **32.** Então o senhor o chamou e lhe disse: Servo
mau, eu te perdoei toda a dívida porque me suplicaste. **33.** Não devias
também tu compadecer-te de teu companheiro de serviço, como eu tive
piedade de ti? **34.** E o senhor, encolerizado, entregou-o aos algozes, até
que pagasse toda a sua dívida. **35.** Assim vos tratará meu Pai celeste, se
cada um de vós não perdoar a seu irmão, de todo seu coração.

O PERDÃO A QUEM SABE PERDOAR

A condição para ser cristão é o perdão. Se eu não tenho essa disposição para perdoar, nunca serei cristão. Nós recebemos de Deus a capacidade de perdoar. E por que perdoamos? Porque sempre somos perdoados por Deus. Setenta vezes sete não são quatrocentos e noventa. Na matemática de Jesus significa sempre. Pois Ele nos perdoa sempre e espera de nós a mesma disposição.

Quando pedimos a Deus alguma coisa, ele sempre dá mais do que pedimos. Ele está sempre cheio de misericórdia. Por isso, não temos o direito de não perdoar a quem nos ofendeu. Que prepotência a nossa! É preciso o exercício do perdão para viver a essência do amor. Pois perdão só vem de um coração que ama verdadeiramente e só poderemos dizer que seguimos Jesus se amamos como Ele. Amar como Jesus amou significa perdoar como Ele perdoou. Precisamos ter para com o outro a mesma disposição e a mesma misericórdia que Deus tem para conosco. Lembre-se do Pai-Nosso que o próprio Jesus ensinou: "perdoai as nossas ofensas, assim como nós perdoamos a quem nos tem ofendido". Afinal, o perdão é bálsamo que cura o coração do outro enquanto sara as angústias do nosso. Experimente o perdão, dando-o e recebendo-o. Tenho a certeza de que você nunca terá provado um remédio tão eficaz para o seu coração. **(Ver Lc 17,4.)**

Mt 21,23-27

A questão da autoridade

23. Dirigiu-se Jesus ao templo. E, enquanto ensinava, os príncipes dos sacerdotes e os anciãos do povo aproximaram-se e perguntaram-lhe: Com que direito fazes isso? Quem te deu esta autoridade? **24.** Respondeu-lhes Jesus: Eu vos proporei também uma questão. Se responderdes, eu vos direi com que direito o faço. **25.** Donde procedia o batismo de João: do céu ou dos homens? Ora, eles raciocinavam entre si: Se respondermos: Do céu, ele nos dirá: Por que não crestes nele? **26.** E se dissermos: Dos homens, é de temer-se a multidão, porque todo o mundo considera João como profeta. **27.** Responderam a Jesus: Não sabemos. Pois eu tampouco vos digo, retorquiu Jesus, com que direito faço estas coisas.

AUTORIDADE DIVINA

Autoridade vem da palavra "autor". Só tem autoridade sobre alguma coisa o próprio autor da coisa. Só Deus tem a autoridade sobre a vida, por que Ele é o autor da vida. Portanto, só Deus pode dar e tirar vidas. Por isso, a nossa autoridade em relação ao outro deve ser sempre fundamentada no amor e nunca na arrogância do autoritarismo. Aqueles que devem ter autoridade na família, no trabalho e na Igreja o fazem com o mesmo cuidado amoroso que o Criador tem por sua criação. Usar a autoridade para oprimir e dominar é perverter o verdadeiro sentido da autoridade. A autoridade moral é uma das maiores virtudes que alguém pode perseguir na vida. Ser como Jesus, imitá-lo cotidianamente, nunca nos fará totalmente iguais a Ele, mas nos dará compaixão, bondade, humildade, felicidade e respeito, que são essenciais para agirmos com verdadeira autoridade. **(Ver Mc 11,27-33; Lc 20,1-8.)**

Mc 4,1-20

O semeador

1. Jesus pôs-se novamente a ensinar, à beira do mar, e aglomerou-se junto dele tão grande multidão, que ele teve de entrar numa barca, no mar, e toda a multidão ficou em terra na praia. **2.** E ensinava-lhes muitas coisas em parábolas. Dizia-lhes na sua doutrina: **3.** Ouvi: Saiu o semeador a semear. **4.** Enquanto lançava a semente, uma parte caiu à beira do caminho, e vieram as aves e a comeram. **5.** Outra parte caiu no pedregulho, onde não havia muita terra; o grão germinou logo, porque a terra não era profunda; **6.** mas, assim que o sol despontou, queimou-se e, como não tivesse raiz, secou. **7.** Outra parte caiu entre os espinhos; estes cresceram, sufocaram-na e o grão não deu fruto. **8.** Outra caiu em terra boa e deu fruto, cresceu e desenvolveu-se; um grão rendeu trinta, outro sessenta e outro cem. **9.** E dizia: Quem tem ouvidos para ouvir, ouça! **10.** Quando se acharam a sós, os que o cercavam e os Doze indagaram dele o sentido da parábola. **11.** Ele disse-lhes: A vós é revelado o mistério do Reino de Deus, mas aos que são de fora tudo se lhes propõe em parábolas. **12.** Desse modo, eles olham sem ver, escutam sem compreender, sem que se convertam e lhes seja perdoado. **13.** E acrescentou: Não entendeis essa parábola? Como entendereis então todas as outras? **14.** O semeador semeia a palavra. **15.** Alguns se encontram à beira do caminho, onde ela é semeada; apenas a ouvem, vem Satanás tirar a palavra neles semeada. **16.** Outros recebem a semente em lugares pedregosos; quando a ouvem, recebem-na com alegria; **17.** mas não têm raiz em si, são inconstantes, e assim que se levanta uma tribulação ou uma perseguição por causa da palavra, eles tropeçam. **18.** Outros ainda recebem a semente entre os espinhos; ouvem a palavra, **19.** mas as preocupações mundanas, a ilusão das riquezas, as múltiplas cobiças sufocam-na e a tornam infrutífera. **20.** Aqueles que recebem a semente em terra boa escutam a palavra, acolhem-na e dão fruto, trinta, sessenta e cem por um.

Persista

Eu prefiro chamar essa parábola de "o semeador teimoso" ou "o semeador persistente", pois ele não desiste diante das dificuldades. Para ele, não importa se a terra é seca, se o terreno é arenoso ou se tem espinhos, pois o que importa é semear e ele acredita que sua persistência na semeadura lhe proporcionará o êxito que ele espera. Afinal, só alcança sucesso quem persevera.

A sua obstinação em semear onde é difícil dar fruto, onde é difícil colher é exemplar.

Há pessoas que perdem a vontade de semear o bem porque não veem os frutos. Entretanto, nossa missão não é colher os frutos, e sim semear, como o semeador teimoso.

Continue semeando, continue falando da necessidade de ter Deus em nossa vida. "Mas ele não me dá ouvidos, finge que escuta", você pode dizer. Não se importe com a indiferença, semeie simplesmente, porque um dia você vai colher os frutos. Se não for você, outro colherá. As dificuldades encontradas serão superadas um dia.

A semente, mesmo que ignorada, fica ali e um dia germina, cresce e dá frutos. Às vezes parece que vai se perder, mas ficou semeada na mente e no coração de seus filhos, amigos, parentes e daqueles que o cercam. Há pais que se preocupam com seus filhos, pois eles não querem saber de religião. É natural que o jovem se rebele contra os pais, não aceitando seus conselhos ou as suas convicções religiosas. Isso é uma fase e passa. Obrigar a fé não traz resultados. O bom semeador não escolhe caminhos, terrenos, oportunidades. Ele semeia e sabe esperar.

É preciso ser teimoso, obstinado, não desistir na primeira tentativa. Quando eu desisto, interrompo toda a possibilidade de crescimento, porque não dou chance para superar o obstáculo. E talvez se fizer de outro jeito, superando a negação, você encontre uma forma de ser ouvido, de a semente germinar mais um pouco.

Um dia a semente vai crescer. O importante é semear, insistir, não desistir nunca, porque é onde menos se espera que dê fruto, é ali que dará. Seja obstinado como o semeador da parábola. **(Ver Mt 13,1-23; Lc 8,4-15.)**

Lc 7,31-35

Jesus e a presente geração

31. A quem compararei os homens desta geração? Com quem se assemelham? **32.** São semelhantes a meninos que, sentados na praça, falam uns com os outros, dizendo: Tocamos a flauta e não dançastes; entoamos lamentações e não chorastes. **33.** Pois veio João Batista, que nem comia pão nem bebia vinho, e dizeis: Ele está possuído do demônio. **34.** Veio o Filho do Homem, que come e bebe, e dizeis: Eis um comilão e beberrão, amigo dos publicanos e libertinos. **35.** Mas a sabedoria foi justificada por todos os seus filhos.

Faça o amor chegar aos ouvidos de Deus

Nós somos como crianças mimadas que reclamam de tudo. Choramos, fazemos birra, nunca estamos satisfeitos. Ajoelhamos para reclamar e não temos uma atitude de amor para com Deus. Pedimos e, se não recebemos, perdemos a nossa confiança em Deus e o abandonamos.

Contudo, ser verdadeiramente humilde é dizer: seja feita a Sua vontade. É uma atitude de amor aceitar e acolher aquilo que Deus coloca para nós. Deus nunca nos dá uma cruz que não possamos suportar.

Pare e pense. Depois de uma provação, sempre vem a recompensa. Vasculhe a sua vida e você vai descobrir que Deus esteve como nunca em sua vida nesses momentos mais difíceis.

Observe também como os comportamentos diferentes, totalmente opostos, de Jesus e João Batista não foram capazes de agradar àquela geração. Vivemos sempre com um sentido de crítica muito aguçado e isso destrói relações e relacionamentos.

Mude sua atitude com Deus. Passe a ter com ele uma atitude de amor. É o amor que chega aos ouvidos de Deus e não essas lamúrias que queremos que Ele escute e atenda. Deus sabe das nossas necessidades. **(Ver Mt 11,16-19.)**

Lc 13,18-21

O grão de mostarda e o fermento

18. Jesus dizia ainda: A que é semelhante o Reino de Deus, e a que o
comparарei? **19.** É semelhante ao grão de mostarda que um homem
tomou e semeou na sua horta, e que cresceu até se fazer uma grande
planta e as aves do céu vieram fazer ninhos nos seus ramos. **20.** Disse
ainda: A que direi que é semelhante o Reino de Deus? **21.** É semelhante

ao fermento que uma mulher tomou e misturou em três medidas de farinha e toda a massa ficou levedada.

O Reino de Deus também é nossa construção

Quando Jesus usa parábolas, ele quer nos dizer que o Reino de Deus não é uma coisa pronta. Nós perguntamos: "por que o reino de Deus não se materializa diante de nós?". Porque ele tem de ser construído dia a dia. Tem de ser um empenho nosso.

Contudo, afinal, o que é Reino de Deus? É a concretização de um mundo de justiça, respeito, solidariedade e amor. Parece utopia, mas é o Reino inaugurado por Jesus e que todos buscamos realizar.

O Reino de Deus é dom, porque vem de Deus, foi dado de graça para nós. No entanto, também é tarefa, porque temos de trabalhar para construí-lo. Se não trabalharmos a semente, ela não vai crescer. Se não acrescentarmos o fermento à massa, o pão não vai crescer.

Se deixarmos a semente guardada, ela será sempre semente, nada mais do que semente. Todavia, se, em vez disso, colocarmos na terra, regarmos e cuidarmos para que cresça, deixará de ser semente para ser árvore que produz frutos. Assim é o fermento. Fermento não misturado à massa perde a validade e apodrece. No entanto, se for colocado junto da farinha, da água, do sal e for sovado com determinação, torna-se pão que alimenta muitos.

O Reino de Deus também depende da minha atitude. Não posso ficar só lamentando que este mundo está perdido, que comigo nada dá certo, que as coisas ruins só acontecem comigo. Não. Tenho de tomar as rédeas já e fazer algo. É minha tarefa dar continuidade ao Reino de Deus que Jesus inaugurou. Nós vivemos cercados de acontecimentos trágicos, ruins, com trapaças e intrigas a todo momento. No entanto, há uma forma de minimizar isso: criar e promover o contrário. Promova um ambiente mais saudável ao seu redor, com conversas elevadas, com o combate à fofoca, aos julgamentos e aos preconceitos. Não se misture com pessoas que insistem em viver no erro. Uma coisa é tentar ajudar quem erra, outra é participar do dia a dia no erro. **(Ver Mt 13,31-33; Mc 4,30-32.)**

Lc 18,35-43

O cego de Jericó

35. Ao aproximar-se Jesus de Jericó, estava um cego sentado à beira do caminho, pedindo esmolas. **36.** Ouvindo o ruído da multidão que passava, perguntou o que havia. **37.** Responderam-lhe: É Jesus de Nazaré, que passa. **38.** Ele então exclamou: Jesus, filho de Davi, tem piedade de mim! **39.** Os que vinham na frente repreendiam-no rudemente para que se calasse. Mas ele gritava ainda mais forte: Filho de Davi, tem piedade de mim! **40.** Jesus parou e mandou que lho trouxessem. Chegando ele perto, perguntou-lhe: **41.** Que queres que te faça? Respondeu ele: Senhor, que eu veja. **42.** Jesus lhe disse: Vê! Tua fé te salvou. **43.** E imediatamente ficou vendo e seguia a Jesus, glorificando a Deus. Presenciando isto, todo o povo deu glória a Deus.

A PERSEVERANÇA

O cego é persistente no pedido que faz. Não atende àqueles que querem que ele desista. Quanto mais eles pediam para desistir, mais ele gritava. É assim que nós devemos fazer. Agir com perseverança. Não se deixar levar pelas pessoas. Às vezes, os outros querem que ajamos como eles, de modo acomodado. Querem que desistamos nos desestimulando e tentando nos convencer de que não podemos e não vamos conseguir. Temos de desejar sempre nosso progresso, trabalhar para que ele aconteça e pedir orientação para fazer a coisa certa. "Senhor, que eu veja."

A vida e os afazeres do dia a dia não nos deixam enxergar as coisas ao redor. Só olhamos para a nossa dor. Não olhamos para a das outras pessoas, não olhamos sequer para o lado. Não temos paciência de ouvir o outro. Passamos muitas vezes por cima dos sentimentos do outro. Agimos muitas vezes como cegos. É dessa cegueira que o Evangelho quer nos tirar. Buscar com determinação nos alimenta o ânimo para prosseguir em um propósito que sabemos ser correto, mesmo quando todos nos dizem o contrário. A Palavra de Deus deve servir de orientação, para não agirmos como destruidores do ímpeto alheio, como se estivéssemos a serviço do desânimo.

Devemos pedir sempre: "Senhor, que eu veja", mesmo que os outros não acreditem que possamos ver. Peça e vai conseguir. Contudo, que eu veja além de mim mesmo e possa olhar para o outro que precisa de mim e do meu amor. **(Ver Mt 20,29-34; Mc 10,46-52.)**

Lc 21,12-19

A aflição e a perseverança

12. Mas, antes de tudo isso, vos lançarão as mãos e vos perseguirão,
entregando-vos às sinagogas e aos cárceres, levando-vos à presença dos
reis e dos governadores, por causa de mim. **13.** Isto vos acontecerá para
que vos sirva de testemunho. **14.** Gravai bem no vosso espírito de não
preparar vossa defesa, **15.** porque eu vos darei uma palavra cheia de
sabedoria, à qual não poderão resistir nem contradizer os vossos adver-
sários. **16.** Sereis entregues até por vossos pais, vossos irmãos, vossos
parentes e vossos amigos, e matarão muitos de vós. **17.** Sereis odiados
por todos por causa do meu nome. **18.** Entretanto, não se perderá um
só cabelo da vossa cabeça. **19.** É pela vossa constância que alcançareis a
vossa salvação.

Os desafios da fé

Essas palavras de Jesus são muito fortes. Quando ele diz que seremos entregues pelos próprios irmãos, pais, filhos, ele quer nos dizer que vamos ser testados de todos os modos.

É permanecendo fiéis aos nossos propósitos que alcançaremos a verdadeira vida. É nos momentos de crises que somos provados em nossa fé. É também nos momentos de maior sofrimento que pensamos em desistir, mas também é no momento de maior dor que sabemos que ela está prestes a chegar ao fim. Afinal, quando a noite se torna mais escura é que vem a aurora anunciando o sol que vai chegar. É pela constância e pela perseverança que alcançaremos a vitória. Quem desiste no meio não consegue saborear a alegria de vencer. Contudo, perseverar não é só uma questão de querer, mas de confiar. Confiar em Deus, que não nos abandona e nos alça à vitória, e confiar em si, que foi dotado de qualidades e força pelo Criador.

Quanto mais perto você estiver dos seus objetivos, maior será a tentação e a perseguição. Quando tudo parecer que está caminhando para dar errado, resista mais um pouco. Esse será o seu momento de testemunhar a própria fé e alcançar a vitória. (Ver Mt 24,9-13.10,17-22; Mc 13,9-13.)

Jo 15,1-8

A videira

1. Eu sou a videira verdadeira, e meu Pai é o agricultor. Todo ramo que
não der fruto em mim, ele o cortará; **2.** e podará todo o que der fruto,
para que produza mais fruto. **3.** Vós já estais puros pela palavra que vos
tenho anunciado. **4.** Permanecei em mim e eu permanecerei em vós. O
ramo não pode dar fruto por si mesmo, se não permanecer na videira.
Assim também vós: não podeis tampouco dar fruto, se não permanecer-
des em mim. **5.** Eu sou a videira; vós, os ramos. Quem permanecer em
mim e eu nele, esse dá muito fruto; porque sem mim nada podeis fazer.
6. Se alguém não permanecer em mim será lançado fora, como o ramo.
Ele secará e hão de ajuntá-lo e lançá-lo ao fogo, e queimar-se-á. **7.** Se
permanecerdes em mim, e as minhas palavras permanecerem em vós,
pedireis tudo o que quiserdes e vos será feito. **8.** Nisto é glorificado meu
Pai, para que deis muito fruto e vos torneis meus discípulos.

"Permanecei em mim"

Neste pequeno trecho, Jesus usa oito vezes o verbo "permanecer". Se Ele o fez, não o fez por acaso. A verdade é que amar a Deus é fácil. Mais fácil ainda é amá-lo quando tudo vai bem, mas a exigência é "permanecer no amor". A permanência no amor denota um pacto de fidelidade e amor que supõe passar pelos sofrimentos sem arredar o pé. Permanecer no amor significa caminhar com Jesus mesmo quando a caminhada se confunde com a cruz. Permanecer no amor é sustentar a justiça quando o mundo todo perdeu a noção de ética e moral. Permanecer no amor é não se deixar levar pelo "se todo mundo faz, eu posso fazer", mas ter coragem de ser diferente por causa do Evangelho. "Permanecei em mim." Nós não seremos nada se não permanecermos n'Ele. Assim como o ramo não é nada se não estiver ligado à videira, seremos nada se não estivermos ligados a Jesus. Ramo sem o tronco seca. Minha vida sem Jesus é tão seca quanto o ramo longe do tronco. No entanto, ligados ao tronco, somos e temos tudo que o tronco é e tem. É promessa de Jesus que, estando ligado a Ele, pediremos e será feito. Pois quem se liga a Jesus caminha no amor e se realiza no Seu coração. Os nossos pensamentos passam a ser os pensamentos do Senhor. Assim, sou mais forte e posso enfrentar tudo e todos. Permanecer no Senhor é garantia de nossa felicidade, além de ser a realização plena como ser humano. Se permaneço n'Ele, sou vitorioso e vencedor como Ele. Se permaneço n'Ele, sou forte com Ele. Se permaneço n'Ele, posso tudo, pois posso tudo n'Aquele que me fortalece.

VIRTUDES

Mt 1,1-16.18-23

Genealogia de Jesus, o Emanuel

1. Genealogia de Jesus Cristo, filho de Davi, filho de Abraão. **2.** Abraão
gerou Isaac. Isaac gerou Jacó. Jacó gerou Judá e seus irmãos. **3.** Judá gerou,
de Tamar, Farés e Zara. Farés gerou Esron. Esron gerou Arão. **4.** Arão gerou
Aminadab. Aminadab gerou Naasson. Naasson gerou Salmon. **5.** Salmon
gerou Booz, de Raab. Booz gerou Obed, de Rute. Obed gerou Jessé. Jessé
gerou o rei Davi. **6.** O rei Davi gerou Salomão, daquela que fora mulher de
Urias. **7.** Salomão gerou Roboão. Roboão gerou Abias. Abias gerou Asa. **8.**
Asa gerou Josafá. Josafá gerou Jorão. Jorão gerou Ozias. **9.** Ozias gerou Joa-
tão. Joatão gerou Acaz. Acaz gerou Ezequias. **10.** Ezequias gerou Manassés.
Manassés gerou Amon. Amon gerou Josias. **11.** Josias gerou Jeconias e seus
irmãos, no cativeiro de Babilônia. **12.** E, depois do cativeiro de Babilônia,
Jeconias gerou Salatiel. Salatiel gerou Zorobabel. **13.** Zorobabel gerou
Abiud. Abiud gerou Eliacim. Eliacim gerou Azor. **14.** Azor gerou Sadoc.
Sadoc gerou Aquim. Aquim gerou Eliud. **15.** Eliud gerou Eleazar. Eleazar
gerou Matã. Matã gerou Jacó. **16.** Jacó gerou José, esposo de Maria, da qual
nasceu Jesus, que é chamado Cristo. **18.** Eis como nasceu Jesus Cristo:
Maria, sua mãe, estava desposada com José. Antes de coabitarem, aconte-

ceu que ela concebeu por virtude do Espírito Santo. **19.** José, seu esposo, que era homem de bem, não querendo difamá-la, resolveu rejeitá-la secretamente. **20.** Enquanto assim pensava, eis que um anjo do Senhor lhe apareceu em sonhos e lhe disse: José, filho de Davi, não temas receber Maria por esposa, pois o que nela foi concebido vem do Espírito Santo. **21.** Ela dará à luz um filho, a quem porás o nome de Jesus, porque ele salvará o seu povo de seus pecados. **22.** Tudo isto aconteceu para que se cumprisse o que o Senhor falou pelo profeta: **23.** Eis que a Virgem conceberá e dará à luz um filho, que se chamará Emanuel (Is 7,14), que significa: Deus conosco.

Amor incondicional

Você já se perguntou por que a Bíblia nos coloca uma sequência de genealogia tão extensa? Na verdade a genealogia de uma família resgata as suas raízes e, no caso de Jesus, evidencia sua humanidade, que se une à sua divindade. A Igreja celebra com alegria o nascimento daquela que preparou a vinda do Senhor, Maria. Nessa ocasião, tradicionalmente, citamos toda a genealogia de Jesus, porque todas as questões da Igreja gravitam em torno d'Ele. Maria fazia parte do plano de Deus e foi especialmente escolhida. Deus poderia escolher não precisar dela. No entanto, para se colocar no meio de nós para a salvação da humanidade, Ele escolheu vir por intermédio de uma mulher. Para ser mais humano, para trazer Seu filho à terra da forma mais serena, mais cheia de ternura, que é uma das características marcantes da essência feminina. Ele queria nos mostrar que nos ama com coração de mãe – que Seu coração é cheio de ternura, de amor incondicional e misericordioso. Essa sentença merece uma meditação para toda a vida sobre o amor divino e o respeito às mulheres.

Mt 2,13-15.19-23

Fuga para o Egito

13. Depois de sua partida, um anjo do Senhor apareceu em sonhos a José
e disse: Levanta-te, toma o menino e sua mãe e foge para o Egito; fica lá até
que eu te avise, porque Herodes vai procurar o menino para o matar. **14.**
José levantou-se durante a noite, tomou o menino e sua mãe e partiu para
o Egito. **15.** Ali permaneceu até a morte de Herodes para que se cumprisse
o que o Senhor dissera pelo profeta: Eu chamei do Egito meu filho. **19.**
Com a morte de Herodes, o anjo do Senhor apareceu em sonhos a José, no
Egito, e disse: **20.** Levanta-te, toma o menino e sua mãe e retorna à terra
de Israel, porque morreram os que atentavam contra a vida do menino.
21. José levantou-se, tomou o menino e sua mãe e foi para a terra de Israel.
22. Ao ouvir, porém, que Arquelau reinava na Judeia, em lugar de seu pai
Herodes, não ousou ir para lá. Avisado divinamente em sonhos, retirou-se
para a província da Galileia **23.** e veio habitar na cidade de Nazaré para
que se cumprisse o que foi dito pelos profetas: Será chamado Nazareno.

A família como alicerce

A família é uma instituição tão importante que o próprio Deus quis nascer em uma. É nela que encontramos segurança, acolhida, mesmo quando há divergências. Pode haver divisões, dificuldades de relacionamento, mas mesmo esses problemas só existem porque há um laço. Alguém se importaria com outra pessoa a ponto de brigar com ela? Quem não se importa é indiferente ao outro. Nesses conflitos, não raro, muitos agem de forma passional, impulsiva, mas dificilmente porque querem o mal do outro. É importante entender isso porque você passa a colocar tudo sob nova ótica e, diante de um conflito, antes de retrucar, medite sobre as intenções do outro. Hoje nós temos uma diversidade de famílias, mas temos de aprender a respeitar e amar, porque é na família que crescemos moral e espiritualmente. Se nosso olhar se volta para a família de Nazaré é para que possamos aprender que, apesar das dificuldades e dos problemas que toda família tem, será nela que encontraremos a resposta para a superação. A família não irá resolver todos os problemas, mas dificilmente você resolverá um problema seu sem ela. E José e Maria cumpriram seu papel de formação da pequena criança nascida em Belém. Essa formação é o maior bem que cada membro pode fazer por sua família, e todos podem contribuir com generosidade.

Mt 5,38-42

Olho por olho e dente por dente

38. Tendes ouvido o que foi dito: Olho por olho, dente por dente. **39.** Eu,
porém, vos digo: não resistais ao mau. Se alguém te ferir a face direita,
oferece-lhe também a outra. **40.** Se alguém te citar em justiça para
tirar-te a túnica, cede-lhe também a capa. **41.** Se alguém vem obrigar-te
a andar mil passos com ele, anda dois mil. **42.** Dá a quem te pede e não
te desvies daquele que te quer pedir emprestado.

Saber perdoar

Nós temos o péssimo hábito de ensinar nossos filhos a não levar desaforo para casa. Ou, quando é conosco, "damos o troco" com a sensação de quem lava a alma. Essa é a lei de talião – o famigerado olho por olho, dente por dente. Ela cria um círculo vicioso de violência, que nunca acaba. Para romper esse círculo, só o perdão.

No entanto, o perdão exige entrega e renúncia. Para perdoar, é necessário ter muita coragem. Coragem é para os fortes. O fraco jamais vai dar o passo do perdão. Faça a experiência: quando alguém lhe ofender, diga: eu te perdoo, de coração. Isso, porém, tem de ser real, porque se for da boca para fora parecerá ironia, o que tornará o gesto ainda pior.

Ao não receber de volta a ofensa, e sim a calma e a paz, o outro fica tão desconcertado que sai de mansinho, constrangido. E começa a meditar sobre a própria impulsividade, até ir modificando aos poucos o próprio comportamento. Veja como uma simples atitude pode ter um caráter transformador. Você, agindo assim, pode transformar uma alma rude apenas com uma postura de paz e perdão.

Contudo, só perdoa quem tem a capacidade de amar. Essa é uma fortaleza do espírito. Não são necessários músculos ou força, senão a força do amor. Não é uma atitude fácil, mas temos de nos exercitar todos os dias para conseguir essa virtude: a de saber perdoar verdadeiramente. **(Ver Lc 6,29-30.)**

Mt 7,1-5

O julgamento

1. Não julgueis, e não sereis julgados. **2.** Porque do mesmo modo que julgardes, sereis também vós julgados e, com a medida com que tiverdes medido, também vós sereis medidos. **3.** Por que olhas a palha que está no olho do teu irmão e não vês a trave que está no teu? **4.** Como ousas dizer a teu irmão: Deixa-me tirar a palha do teu olho, quando tens uma trave no teu? **5.** Hipócrita! Tira primeiro a trave de teu olho e assim verás para tirar a palha do olho do teu irmão.

JULGUE APENAS A SI MESMO E SERÁ MELHOR A CADA DIA

Nós nos preocupamos muito com a vida dos outros. Pior, nós gostamos de julgar o outro, indicando o que cada pessoa tem a fazer e agir, e criticamos quando não agem como esperamos. Isso é absurdo! Como cada pessoa tem sua própria cabeça, é de esperar que as reações de duas pessoas diante de um mesmo fato sejam diferentes. No entanto, quando alguém age de modo diferente do nosso, muitas vezes criticamos, como se tivesse cometido um erro incomum.

Toda vez que alguém faz um julgamento para o mal, está em pecado. Não falo aqui de opiniões. O fato de achar alguém bonito ou feio, bom ou mau não é pecado porque se está estabelecendo um juízo de valor, mas, quando alguém passa a raciocinar com esse juízo de modo ruim, aí ocorre o pecado. O julgamento se torna muito perigoso quando quem julga tem responsabilidade ou autoridade com aquele que vai julgar.

É assim também com o preconceito. Todo mundo tem algum conceito preconcebido, não dá para ignorar isso. No entanto, quando fazemos uso desse preconceito de forma prática, evitando o contato, impedindo o acesso, restringindo as possibilidades de alguém, atrapalhando o caminho, aí o pecado se estabelece.

E não podemos esquecer que *antes* do pecado do julgamento está o pecado da soberba, porque, para se arvorar em julgar o outro, antes nos achamos superiores a ele.

E *depois* do pecado do julgamento está o da intolerância, pois, depois de julgarmos, condenamos com a nossa atitude de não aceitação. Somos muitos intolerantes com o próximo. Se quisermos ser guiados pelo Cristo, temos de ser luz, e não trevas. Por que cuidar da vida do outro se a minha já tem o suficiente para me preocupar?

Julgar o outro é uma estratégia inconsciente para evitar olhar para dentro de si. Não raro, algum sentimento pessoal, seja de inferioridade, frustração, repressão ou outro, é mascarado pela crítica ao outro. Aproveite para meditar sobre isso. Esqueça a vida do outro. Cuide da sua, que já é muito. **(Ver Lc 6,37-38.41-42.)**

Mt 7,15-20

Os falsos profetas: a árvore e os frutos

15. Guardai-vos dos falsos profetas. Eles vêm a vós disfarçados de ovelhas, mas por dentro são lobos arrebatadores. **16.** Pelos seus frutos os conhecereis. Colhem-se, porventura, uvas dos espinhos e figos dos abrolhos? **17.** Toda árvore boa dá bons frutos; toda árvore má dá maus frutos. **18.** Uma árvore boa não pode dar maus frutos; nem uma árvore má, bons frutos. **19.** Toda árvore que não der bons frutos será cortada e lançada ao fogo. **20.** Pelos seus frutos os conhecereis.

A ESCOLHA ENTRE O BEM E O MAL É SUA

O bem e o mal estão diante dos homens constantemente. Cabe a nós a escolha, dia a dia. Se quisermos conhecer profundamente uma pessoa, não devemos olhar para o seu exterior, mas acima de tudo para suas atitudes, procurando perceber o que está ao seu redor, o que ela produz, se são frutos bons ou maus.

Quando gostamos de ficar perto de alguém, quando nos sentimos bem junto de alguém, é porque essa pessoa produz frutos bons. Essa passagem é um código de afinidade e identificação universal. E é esse o ensinamento milenar contido nos Evangelhos.

Ninguém é mau porque nasceu mau, mas podemos agir desse modo se não percebermos os frutos que estamos produzindo. Toda pessoa deve fazer essa autoanálise. Não é difícil descobrir se você é uma pessoa que irradia o bem, que atrai a presença das pessoas, que acaba se tornando um polo de atração. Deve-se, no entanto, cuidar para que, mantendo uma egrégora do bem, não se permita ser usado pelas pessoas. Muitas pessoas desprevenidas acabam enganadas pelos mal-intencionados.

O importante é saber diferenciar o bem do mal, e isso se conhece pelos frutos. Se você quiser uma lista de frutos bons e maus, tome agora a carta de São Paulo aos Gálatas e leia o capítulo 5. Frutos bons são produzidos por pessoas boas, e frutos maus, aí você já sabe... **(Ver Mt 12,33-37; Lc 6,43-45.)**

Mt 15,29-37

Multiplicação dos pães segundo Mateus

29. Jesus saiu daquela região e voltou para perto do mar da Galileia.
Subiu a uma colina e sentou-se ali. **30.** Então numerosa multidão apro-
ximou-se dele, trazendo consigo mudos, cegos, coxos, aleijados e muitos
outros enfermos. Puseram-nos aos seus pés e ele os curou, **31.** de sorte
que o povo estava admirado ante o espetáculo dos mudos que falavam,
daqueles aleijados curados, de coxos que andavam, dos cegos que viam;
e glorificavam ao Deus de Israel. **32.** Jesus, porém, reuniu os seus discípu-
los e disse-lhes: Tenho piedade desta multidão: eis que há três dias está
perto de mim e não tem nada para comer. Não quero despedi-la em
jejum, para que não desfaleça no caminho. **33.** Disseram-lhe os discípu-
los: De que maneira procuraremos neste lugar deserto pão bastante
para saciar tal multidão? **34.** Pergunta-lhes Jesus: Quantos pães tendes?
Sete, e alguns peixinhos, responderam eles. **35.** Mandou, então, a multi-
dão assentar-se no chão, **36.** tomou os sete pães e os peixes e aben-
çoou-os. Depois os partiu e os deu aos discípulos, que os distribuíram à
multidão. **37.** Todos comeram e ficaram saciados, e, dos pedaços que
restaram, encheram sete cestos.

O VERDADEIRO MILAGRE

O maior milagre dessa passagem não é a multiplicação dos pães: e sim o coração das pessoas se abrindo para dar o que tinham.

Jesus tem compaixão da multidão que estava há três dias sem comer, mas não lhes dá de comer. Ele prepara os discípulos para que eles deem de comer a essas pessoas.

Hoje, é muito mais difícil abrir o coração. Quando vemos alguma situação de necessidade, nós não nos comprometemos, esperamos que Deus opere um milagre, que uma instituição cuide de quem precisa. Ou alegamos ter muito pouco para poder dividir.

No entanto, é o pouco que eu tenho que faz o milagre acontecer. Quando eu tenho a coragem de tirar de mim para dar àquele que precisa, estou de fato abrindo o meu coração. Quanto mais generosos formos para com outro, mais receberemos. A multiplicação só acontece quando somos capazes de multiplicar dentro de nós o amor para com o outro. **(Ver Mc 7,31.8,1-10.)**

Mt 18,12-14

A ovelha perdida

12. Que vos parece? Um homem possui cem ovelhas: uma delas se desgarra. Não deixa ele as noventa e nove na montanha, para ir buscar aquela que se desgarrou? **13.** E se a encontra, sente mais júbilo do que pelas noventa e nove que não se desgarraram. **14.** Assim é a vontade de vosso Pai celeste, que não se perca um só destes pequeninos.

O BOM PASTOR

O pastor de ovelhas necessita de duas coisas importantíssimas: o bastão e o cajado. Isso é lembrado no Salmo 22: "vosso bordão e vosso cajado me dão segurança". Com o bastão, o pastor vai abrir a lã da ovelha para verificar se tem alguma ferida, uma vez que a ovelha é um animal frágil e se machuca com facilidade, e se tiver, vai curá-la. Da mesma forma tem de agir o bom pastor na vida. Ele deve procurar a ferida que está escondida no meio das "lãs" de tantos acontecimentos e desencontros da nossa vida e, com carinho, fazê-la sarar. O pastor de ovelha usa, ainda, o cajado, que é aquela haste mais longa com a ponta curva, quase como um anzol, para tirar a ovelha do espinheiro em que ela está enroscada, aliviando-a do sofrimento, e, com esse mesmo cajado, apontar o caminho certo a ser seguido.

Conduzir o outro é uma tarefa dada por Deus a nós. Não faço por mim mesmo. A própria Bíblia diz isso: "Todo poder emana de Deus". Todos nós, religiosos, religiosas, pai, mãe, chefe de empresa, chefe de Estado etc., temos a função de pastores. E, ao receber o ofício de conduzir, devemos fazê-lo com o coração, sempre atentos a quem precisa da nossa ajuda, atentos ao sofrimento como prioridade. É preciso tempo para saber ouvir aquele que está sob o nosso pastoreio.

Da mesma maneira, precisamos de pastores mais sensíveis que possam nos escutar e curar nossos sofrimentos. Todos nós, de uma forma ou de outra, somos pastores de alguém. No entanto, hoje em dia nos preocupamos mais conosco mesmos do que com o sofrimento e a angústia alheia. Seja um bom pastor:

olhe para o próximo, ajude-o no seu sofrimento. Fazer pelo outro é fazer do mundo um lugar mais bonito para viver.

Mt 20,17-28

O terceiro anúncio da Paixão

17. Subindo para Jerusalém, durante o caminho, Jesus tomou à parte os Doze e disse-lhes: **18.** Eis que subimos a Jerusalém, e o Filho do Homem será entregue aos príncipes dos sacerdotes e aos escribas. Eles o condenarão à morte. **19.** E o entregarão aos pagãos para ser exposto às suas zombarias, açoitado e crucificado; mas ao terceiro dia ressuscitará. **20.** Nisso aproximou-se a mãe dos filhos de Zebedeu com seus filhos e prostrou-se diante de Jesus para lhe fazer uma súplica. **21.** Perguntou-lhe ele: Que queres? Ela respondeu: Ordena que estes meus dois filhos se sentem no teu Reino, um à tua direita e outro à tua esquerda. **22.** Jesus disse: Não sabeis o que pedis. Podeis vós beber o cálice que eu devo beber? Sim, disseram-lhe. **23.** De fato, bebereis meu cálice. Quanto, porém, ao sentar-vos à minha direita ou à minha esquerda, isto não depende de mim vo-lo conceder. Esses lugares cabem àqueles aos quais meu Pai os reservou. **24.** Os dez outros, que haviam ouvido tudo, indignaram-se contra os dois irmãos. **25.** Jesus, porém, os chamou e lhes disse: Sabeis que os chefes das nações as subjugam, e que os grandes as governam com autoridade. **26.** Não seja assim entre vós. Todo aquele que quiser tornar-se grande entre vós, se faça vosso servo. **27.** E o que quiser tornar-se entre vós o primeiro, se faça vosso escravo. **28.** Assim como o Filho do Homem veio, não para ser servido, mas para servir e dar sua vida em resgate por uma multidão.

Ser grande é servir

No Reino de Deus, há uma inversão da ordem terrena. O menor é o que recebe mais de Deus. Jesus fala claramente. Nós temos de ser diferentes. Seremos grandes pela capacidade de servir. Servir é colocar-se à disposição daquele que está ao meu lado. Servir é descer até onde se encontra o que está caído para levantá-lo. Servir é estender a mão sem perguntar quem está na minha frente e simplesmente servir. Servir é fazer sem pensar no que vamos ganhar com isso. Senão não é serviço, e sim venda de mão de obra. O serviço acontece por amor. O que motiva o nosso servir é amor, ou nada disso tem sentido.

Vamos abrir bem os olhos e enxergar aquele que está tão próximo de nós, precisando talvez só do nosso olhar. Vamos olhar para aquele que até então não víamos e vamos servi-lo com amor. Alguém já viu um humilde cair? Sejamos sempre humildes. Assim seremos grandes. **(Ver Mc 10,32-34; Lc 18,31-34.)**

Mt 23,27-32

Os sete "ais"

27. Ai de vós, escribas e fariseus hipócritas! Sois semelhantes aos sepulcros caiados: por fora parecem formosos, mas por dentro estão cheios de ossos, de cadáveres e de toda espécie de podridão. **28.** Assim também vós: por fora pareceis justos aos olhos dos homens, mas por dentro estais cheios de hipocrisia e de iniquidade. **29.** Ai de vós, escribas e fariseus hipócritas! Edificais sepulcros aos profetas, adornais os monumentos dos justos **30.** e dizeis: Se tivéssemos vivido no tempo de nossos pais, não teríamos manchado nossas mãos como eles no sangue dos profetas... **31.** Testemunhais assim contra vós mesmos que sois de fato os filhos dos assassinos dos profetas. **32.** Acabai, pois, de encher a medida de vossos pais!

TRANSPARÊNCIA E PUREZA NO CORAÇÃO

A palavra sincera significa sem cera: sin+cera. Isso porque, antes, as máscaras usadas no teatro eram feitas de cera. Quem faz uso de máscara está se escondendo e fingindo ser algo que não é. Quem usa máscara não é sincero, não é autêntico.

Quando Jesus falou "ai de vós" foi porque já não suportava mais tanta hipocrisia. O cristão não pode fingir: deve ser sincero, autêntico, mostrar o que realmente é, e não usar de subterfúgios.

Muitas vezes usamos máscaras e isso não condiz com o plano de Deus. Por isso, Jesus criticava os fariseus, que não tinham Deus no coração, e os comparava ao sepulcro: belo por fora e podre por dentro.

Ter pureza no coração é ter Deus em nós. É dar espaço em nossa vida para que Deus ocupe o seu verdadeiro lugar. Não é conhecer catequese, teologia, dogmas, Bíblia. É sentir algo diferente em nossa vida a ponto de outras pessoas nos dizerem: "engraçado, quando estou perto de você eu sinto paz, calma, tranquilidade. Você me traz tudo isso. Por que será?".

Para ter Deus em minha vida devo ser transparente. Não há lugar para mentira, para falsidade, para dissimulação. Que Jesus nunca diga para nós: "ai de vós". **(Ver Mc 12,38-40; Lc 11,39-52.20,45-47.)**

Mc 3,1-6

Cura da mão seca

1. Noutra vez, entrou ele na sinagoga e achava-se ali um homem que tinha a mão seca. **2.** Ora, estavam-no observando se o curaria no dia de sábado, para o acusarem. **3.** Ele diz ao homem da mão seca: "Levanta e vem para o meio." **4.** Então lhes pergunta: "É permitido fazer o bem ou o mal no sábado? Salvar uma vida ou matar?" Mas eles se calavam. **5.** Então, relanceando um olhar indignado sobre eles, e contristado com a dureza de seus corações, diz ao homem: "Estende tua mão!" Ele estendeu-a e a mão foi curada. **6.** Saindo os fariseus dali, deliberaram logo com os herodianos como o haviam de perder.

A VERDADEIRA CURA COMEÇA NO CORAÇÃO

Perceba o que está implícito aqui. O problema não estava em curar o homem de mão seca em um sábado. O problema era que Jesus, na presença de todos ali, violava a lei humana fazendo cura aos sábados.

A sequidão estava no coração daquele povo que não havia ido até lá para ver o homem que estava pedindo para ser curado, mas estava ali para apontar o suposto crime, cura no dia de sábado, e condenar Jesus. Aquelas pessoas tinham o coração fechado, duro e seco. Eram pessoas cheias de preconceito, e os que eram ricos se apartavam dos mais pobres. Jesus chegou como alguém disposto a quebrar as regras antigas em nome de uma nova mensagem.

Então, Ele fala ao homem: "Levanta e vem para o meio". Levantar quem está caído e trazer para o meio, isto é, tirar da margem e colocar no centro. Jesus traz os que estão marginalizados para junto de todos e mostra que o lugar deles não é à margem, e sim no meio deles. Com essa cura, Jesus quis dizer àqueles homens que eles têm de curar primeiro o coração do egoísmo, do preconceito e da falta de amor ao próximo.

Hoje, nós fazemos as mesmas coisas: separamos as pessoas que não são do círculo de amizade pessoal, ou do mesmo nível social ou cultural ao qual pertencemos. Até mesmo em nossas famílias nós marginalizamos as pessoas, entre as bem-sucedidas e as que não alcançaram prosperidade material, e então jogamos estas para a margem da nossa vida.

Procure trazer as pessoas que você deixa de lado e colocá-las no meio, no meio das pessoas do seu relacionamento, no meio de sua vida. Acabe com todo e qualquer orgulho, vaidade e preconceito. Essa é a verdadeira cura que Jesus quer fazer em nossas vidas. Mais seco que a mão daquele homem estava o coração daquele povo.

Vamos abrir nosso coração para nos deixarmos curar por Jesus e pedir para que Ele nos cure de nosso coração seco. **(Ver Mt 12,9-14; Lc 6,6-11.)**

Mc 6,1-6

Jesus rejeitado na sua terra

1. Depois, ele partiu dali e foi para a sua pátria, seguido de seus discípulos.
2. Quando chegou o dia de sábado, começou a ensinar na sinagoga. Mui-
tos o ouviam e, tomados de admiração, diziam: Donde lhe vem isso? Que
sabedoria é essa que lhe foi dada, e como se operam por suas mãos tão
grandes milagres? **3.** Não é ele o carpinteiro, o filho de Maria, o irmão de
Tiago, de José, de Judas e de Simão? Não vivem aqui entre nós também
suas irmãs? E ficaram perplexos a seu respeito. **4.** Mas Jesus disse-lhes: Um
profeta só é desprezado na sua pátria, entre os seus parentes e na sua
própria casa. **5.** Não pôde fazer ali milagre algum. Curou apenas alguns
poucos enfermos, impondo-lhes as mãos. **6.** Admirava-se ele da descon-
fiança deles. E ensinando, percorria as aldeias circunvizinhas.

O FIM DO PRECONCEITO É O INÍCIO DO MILAGRE

Jesus volta para a terra onde foi criado. Lá Ele tenta fazer alguma coisa, tenta pregar, mas não consegue fazer nada. Por quê? Porque aquelas pessoas estavam com o coração fechado, duro demais para receber a graça de Deus. Aquele povo tinha uma doença gravíssima chamada preconceito. "Imagine, Jesus, o filho da dona Maria, do seu José carpinteiro, quem ele pensa que é?"

Hoje, fazemos o mesmo. Nós julgamos as pessoas pelo que vestem, por onde moram, pela família que têm. Não deixamos a graça de Deus agir. Eu perco a oportunidade de deixar a graça de Deus agir nessa pessoa. E é essa pessoa justamente que vai trazer a paz até mim.

Lembre-se de que Jesus não conseguiu fazer os milagres na Sua terra, não porque não tivesse poder para fazê-los, mas porque foi obstaculizado e impedido pelo preconceito maldoso do coração daqueles que o recebiam. O milagre acontece quando nos abrimos e nos livramos de todo preconceito, toda raiva e todo ressentimento.

Estamos cheios de preconceito. Preconceito é prejulgamento e prejulgamento é prejuízo. Deixar para trás os preconceitos é deixar acontecer todos os milagres em nossa vida. Cada um deve tentar mudar a si mesmo e, para isso, um grande passo é estar apto a ver o bem nas pessoas. Fixar-se na parte boa de cada um fará com que ela aflore ainda mais. Vamos procurar transformar nosso coração, deixando de lado esses preconceitos. **(Ver Mt 13,54-58; Lc 4,16-24.)**

Mc 7,14-23

A impureza vem de dentro

14. Tendo chamado de novo a turba, dizia-lhes: "Ouvi-me todos, e
entendei. **15.** Nada há fora do homem que, entrando nele, o possa man-
char; mas o que sai do homem, isso é que mancha o homem. **16.** Quem
tem ouvidos para ouvir ouça". **17.** Quando deixou o povo e entrou em
casa, os seus discípulos perguntaram-lhe acerca da parábola. **18.** Res-
pondeu-lhes: Sois também vós assim ignorantes? Não compreendeis
que tudo o que de fora entra no homem não o pode tornar impuro, **19.**
porque não lhe entra no coração, mas vai ao ventre e dali segue sua lei
natural? Assim ele declarava puros todos os alimentos. E acrescentava:
20. Ora, o que sai do homem, isso é que mancha o homem. **21.** Porque

é do interior do coração dos homens que procedem os maus pensamentos: devassidões, roubos, assassinatos, **22.** adultérios, cobiças, perversidades, fraudes, desonestidade, inveja, difamação, orgulho e insensatez.
23. Todos estes vícios procedem de dentro e tornam impuro o homem.

O PERIGO É O QUE VEM DE DENTRO

Esse trecho do Evangelho é muito atual. Jesus acabou com toda aquela crença da proibição de comer carnes de animais ou outras coisas que tornariam a pessoa impura. Por quê? Porque essas coisas não entram no coração. Vão para o estômago e depois para a terra.

Jesus pergunta: "de onde é que surge a impureza?". A impureza surge do coração. Até hoje, pensamos também que nos tornamos impuros porque as coisas vêm de fora. Cristão que é cristão tem de acabar com isso. O que vem de fora não nos afeta, não nos torna impuros, não pode nos transformar.

A impureza está no que nós fazemos quando inventamos desculpas para deixar de fazer ou agir, quando agimos com inveja, quando jogamos a culpa no outro, na tentativa de nos justificar, quando inventamos algo sobre o outro, quando deixamos de cuidar do nosso coração para nos ocupar com as coisas de fora. É do que sai do nosso coração que devemos cuidar, porque é do coração que sai a maldade quando faço um comentário não muito honesto sobre o outro.

Pense: Jesus também mostrou aqui que ninguém tem a capacidade de fazer mais mal a nós do que nós mesmos.

Quando você entende isso, percebe que as escolhas estão todas diante de você, mas os caminhos que cada um segue levam a estradas retas ou tortuosas e nunca é o outro que as escolhe. Mesmo as pessoas indecisas ou "maria vai com as outras" escolhem: escolhem ser levadas pelo vento.

Jesus mesmo disse: "o que sai do nosso coração é o que vai tornar o outro impuro ou puro". Temos de olhar para dentro de nós mesmos para que a mudança possa ocorrer de dentro para fora. Hoje, e todos os dias, vamos escolher muito bem o que vai sair de nosso coração. **(Ver Mt 15,10-20.)**

Lc 6,20-26

Bem-aventuranças e "ais"

20. Então ele ergueu os olhos para os seus discípulos e disse: Bem-aventurados vós que sois pobres, porque vosso é o Reino de Deus! **21.** Bem-aventurados vós que agora tendes fome, porque sereis fartos! Bem-aventurados vós que agora chorais, porque vos alegrareis! **22.** Bem-aventurados sereis quando os homens vos odiarem, vos expulsarem, vos ultrajarem, e quando repelirem o vosso nome como infame por causa do Filho do Homem! **23.** Alegrai-vos naquele dia e exultai, porque grande é o vosso galardão no céu. Era assim que os pais deles tratavam os profetas. **24.** Mas ai de vós, ricos, porque tendes a vossa consolação! **25.** Ai de vós, que estais fartos, porque vireis a ter fome! Ai de vós, que agora rides, porque gemereis e chorareis! **26.** Ai de vós, quando vos louvarem os homens, porque assim faziam os pais deles aos falsos profetas!

Bem-aventurados os que sabem partilhar

Quando Jesus fala do rico, ele não está se referindo àquele que tem dinheiro, mas àquele que possui qualquer vantagem e não tem capacidade para a partilha. Abastado ou não, quem não tem capacidade de partilha é mesquinho. E a falta de partilha aqui não pode se limitar à mera relação monetária. Repartir não é só dinheiro. Partilha transcende a dimensão financeira. É partilha de sonhos, de sorriso, de ombro, de caminhada, de lágrimas – é partilha de vida. O Reino de Deus é de quem sabe se doar, dividir e ter compaixão do próximo, não de quem quer tudo para si e tem medo de dividir. **(Ver Mt 5,1-12.)**

Lc 7,19-23

A pergunta de João Batista

19. E João chamou dois dos seus discípulos e enviou-os a Jesus, pergun-
tando: És tu o que há de vir ou devemos esperar por outro? **20.** Che-
gando estes homens a ele, disseram: João Batista enviou-nos a ti, pergun-
tando: És tu o que há de vir ou devemos esperar por outro? **21.** Ora,
naquele momento Jesus havia curado muitas pessoas de enfermidades,
de doenças e de espíritos malignos, e dado a vista a muitos cegos. **22.**
Respondeu-lhes ele: Ide anunciar a João o que tendes visto e ouvido: os
cegos veem, os coxos andam, os leprosos ficam limpos, os surdos ouvem,
os mortos ressuscitam, aos pobres é anunciado o Evangelho; **23.** e
bem-aventurado é aquele para quem eu não for ocasião de queda!

COMO RECONHECER A VIRTUDE

João anunciou Jesus e mandou perguntar se Jesus era mesmo o Messias. Jesus não respondeu se era ou não o Messias, mas mandou que se prestasse atenção no que ele havia feito. Pediu que olhassem ao seu redor e constatassem que os cegos veem, os coxos andam, os leprosos ficam limpos, os surdos ouvem, os mortos ressuscitam e que aos pobres é anunciado o Evangelho. Não precisamos perguntar se Deus existe ou não. Basta ter sensibilidade para perceber a obra de suas mãos. Não é preciso buscar fundamentações filosóficas ou científicas para provar a existência de Deus. Quem precisa dessas comprovações não está seguro da presença amorosa de Deus. Assim como Jesus não respondeu à pergunta dos discípulos de João, mas pediu que olhassem ao seu redor. Eu sugiro que você também veja ao seu lado as maravilhas da criação. Os planetas que giram em uma órbita elíptica perfeita e não se chocam. O seu DNA com todas as informações. A fotossíntese que acontece sem que você interfira. Entenda os sinais que a própria vida nos dá. Deus deixou impressa em Sua criação a marca do Seu amor. Basta ter olhos para ver, ouvidos para ouvir e sensibilidade para perceber. Também é necessária essa mesma sensibilidade para perceber Deus agindo em nossa vida por meio dos acontecimentos. É verdade que repetidas vezes não entendemos por que sofremos, choramos ou por que somos obrigados a passar por alguma provação. A verdade é que não existe acaso. Procure identificar as ações de Deus na sua história e entenderá os caminhos pelos quais passou ou terá de passar. Encontre Deus, pois Ele se deixa encontrar. **(Ver Mt 11,2-6.)**

Lc 9,46-50

Quem é o maior?

46. Veio-lhes então o pensamento de qual deles seria o maior. **47.** Penetrando Jesus nos pensamentos de seus corações, tomou um menino, colocou-o junto de si e disse-lhes: **48.** Todo o que recebe este menino em meu nome, a mim é que recebe; e quem recebe a mim, recebe aquele que me enviou; pois quem dentre vós for o menor, esse será grande. **49.** João tomou a palavra e disse: Mestre, vimos um homem que expelia demônios em teu nome, e nós lho proibimos, porque não é dos nossos. **50.** Mas Jesus lhe disse: Não lho proibais; porque, o que não é contra vós, é a vosso favor.

Os pequenos são os maiores

Para se sentir valorizado, você busca ser o maior, ser o melhor, ter um cargo importante, ser o chefe. Geralmente medimos as pessoas pelo seu diploma, cargo ou conta bancária. No entanto, no Reino de Deus, isso não vale nada.

Imagine você que, no tempo de Jesus, crianças e viúvas não valiam nada para a sociedade porque não produziam. Eram consideradas um peso, um fardo. E o que Jesus faz? Toma justamente aquele que não vale nada e o coloca no meio. A lógica do Reino de Deus é totalmente diversa da lógica do mundo. O que é valorizado aqui, é desprezado no Reino de Deus. Por isso o modelo é a criança. Você já viu alguma criança se reunir para "puxar o tapete da outra"? Você já viu alguma criança arquitetar um plano baseado em mentiras para tirar proveito de outros? Não. Em vez disso, vejo crianças brigando com seus amiguinhos e meia hora depois estão brincando, pois não conhecem ódio e ressentimento. Vejo crianças dividindo seus brinquedos, pois sabem que, se não dividirem, vão ter de brincar sozinhos.

A criança é despida de maldade e egoísmo, não tem ambição nenhuma, não tem vaidade, não tem rancor.

Jesus escandalizou o povo daquela época ao dizer: "seja como criança para entrar no Reino dos Céus. Quem se faz pequeno como esta criança, esse é o maior no Reino dos Céus". **(Ver Mt 18,1-5; Mc 9,33-41.)**

Lc 10,1-9

Missão dos setenta e dois

1. Depois disso, designou o Senhor ainda setenta e dois outros discípu-
los e mandou-os, dois a dois, adiante de si, por todas as cidades e lugares
para onde ele tinha de ir. **2.** Disse-lhes: Grande é a messe, mas poucos
são os operários. Rogai ao Senhor da messe que mande operários para a
sua messe. **3.** Ide; eis que vos envio como cordeiros entre lobos. **4.** Não
leveis bolsa nem mochila, nem calçado e a ninguém saudeis pelo cami-
nho. **5.** Em toda casa em que entrardes, dizei primeiro: Paz a esta casa! **6.**
Se ali houver algum homem pacífico, repousará sobre ele a vossa paz;
mas, se não houver, ela tornará para vós. **7.** Permanecei na mesma casa,
comei e bebei do que eles tiverem, pois o operário é digno do seu salário.
Não andeis de casa em casa. **8.** Em qualquer cidade em que entrardes e
vos receberem, comei o que se vos servir. **9.** Curai os enfermos que nela
houver e dizei-lhes: O Reino de Deus está próximo.

Basta um coração cheio de amor

Jesus disse: "não leveis nada". Porque a única coisa que devemos levar para anunciar o Evangelho é o coração cheio de amor. Quando levamos outras coisas, nós nos preocupamos com elas e acabamos nos esquecendo de encher o nosso coração com a essência do amor. Buscamos ter bolsas, mochilas e calçados, mas o nosso coração continua vazio. Precisamos olhar para dentro de nós e nos enchermos de Deus, de paz, de caridade, de solidariedade e não nos preocuparmos com aquilo que temos. Percebam que isso vale muito para os dias de hoje. Só o que temos dentro de nós é o que carregamos conosco. É a educação, o caráter, a moral, o respeito, o amor e a espiritualidade, e isso também é algo que dá suporte à nossa vida, seja na obtenção de trabalho, seja nos relacionamentos sociais e em uma vida com Deus. Devemos investir nossa energia em agir sempre com correção, e garantir o aprimoramento de nossas relações e de nossos recursos que nos alcem a um caminho melhor. O que estiver dentro de nós nunca se perde. Posses, objetos, dinheiro, sim. **(Ver Mt 9,37-38.10,7-16; Mc 6,8-11; Lc 9,3-5.)**

Lc 11,42-46

Crítica aos fariseus e aos escribas

42. Ai de vós, fariseus, que pagais o dízimo da hortelã, da arruda e de diversas ervas e desprezais a justiça e o amor de Deus. No entanto, era necessário praticar estas coisas, sem contudo deixar de fazer aquelas outras coisas.

43. Ai de vós, fariseus, que gostais das primeiras cadeiras nas sinagogas e das saudações nas praças públicas! **44.** Ai de vós, que sois como os sepulcros que não aparecem, e sobre os quais os homens caminham sem o saber. **45.** Um dos doutores da lei lhe disse: Mestre, falando assim também a nós outros nos afrontas. **46.** Ele respondeu: Ai também de vós, doutores da lei, que carregais os homens com pesos que não podem levar, mas vós mesmos nem sequer com um dedo vosso tocais os fardos.

A MUDANÇA EM CADA UM DE NÓS

Os fariseus colocavam leis, regras, mas não as cumpriam e colocavam esses fardos aos outros. Achavam que a palavra de Deus era para os outros cumprirem. E Jesus dizia a eles para não serem tão legalistas, mas para serem mais amorosos. Eles não entenderam o que Jesus quis dizer e reclamaram: "você está nos insultando".

O mesmo acontece conosco. Jesus chama a atenção para a inversão de valores, porque normalmente não damos atenção para aquilo que realmente deve ser valorizado. Você já percebeu que é sempre o outro que tem de mudar para eu estar bem? É difícil aceitar que erramos e por isso temos o costume de dizer que o problema está sempre no outro.

Assumir que erramos é o primeiro passo para a mudança. Assumir o erro não é sinal de fraqueza, pelo contrário, significa maturidade. Só podemos recomeçar se temos plena consciência de que o que foi feito está errado e, por isso, precisa ser corrigido. Do contrário, persistimos no erro. Quando os fariseus disseram a Jesus "você está nos insultando", davam plena demonstração de que não assumiam que estavam errando e, consequentemente, praticavam uma religião injusta, mesmo usando o nome de Deus para justificar suas atitudes. A maior lei é a do amor. A religião é para ser vivida no amor e na justiça. Temos a tentação de fazer com que a justiça se sobreponha ao amor e isso faz com que maltratemos as pessoas. Quantas vezes já não vimos isso, pessoas que usam da lei para praticar injustiças? Pessoas que usam a Palavra de Deus para atacar e humilhar seus irmãos? Deus quer misericórdia e não sacrifícios. Devemos ser justos, honestos, mas a última palavra, a última atitude tem de ser o amor, pois Deus é amor, é misericordioso. Não há sentido em estar de acordo com as leis humanas e contrário ao amor de Deus. **(Ver Mt 23,1-12.13.25-27.29-31.)**

Lc 15,1-32

O filho pródigo

1. Aproximavam-se de Jesus os publicanos e os pecadores para ouvi-lo.
2. Os fariseus e os escribas murmuravam: Este homem recebe e come
com pessoas de má vida! **3.** Então lhes propôs a seguinte parábola: **4.**
Quem de vós que, tendo cem ovelhas e perdendo uma delas, não deixa
as noventa e nove no deserto e vai em busca da que se perdeu, até
encontrá-la? **5.** E depois de encontrá-la, a põe nos ombros, cheio de
júbilo, **6.** e, voltando para casa, reúne os amigos e vizinhos, dizendo-lhes:
Regozijai-vos comigo, achei a minha ovelha que se havia perdido. **7.**
Digo-vos que assim haverá maior júbilo no céu por um só pecador que
fizer penitência do que por noventa e nove justos que não necessitam
de arrependimento. **8.** Ou qual é a mulher que, tendo dez dracmas e

perdendo uma delas, não acende a lâmpada, varre a casa e a busca diligentemente, até encontrá-la? **9.** E tendo-a encontrado, reúne as amigas e vizinhas, dizendo: Regozijai-vos comigo, achei a dracma que tinha perdido. **10.** Digo-vos que haverá júbilo entre os anjos de Deus por um só pecador que se arrependa. **11.** Disse também: Um homem tinha dois filhos. **12.** O mais moço disse a seu pai: Meu pai, dá-me a parte da herança que me toca. O pai então repartiu entre eles os haveres. **13.** Poucos dias depois, ajuntando tudo o que lhe pertencia, partiu o filho mais moço para um país muito distante, e lá dissipou a sua fortuna, vivendo dissolutamente. **14.** Depois de ter esbanjado tudo, sobreveio àquela região uma grande fome e ele começou a passar penúria. **15.** Foi pôr-se ao serviço de um dos habitantes daquela região, que o mandou para os seus campos guardar os porcos. **16.** Desejava ele fartar-se das vagens que os porcos comiam, mas ninguém lhas dava. **17.** Entrou então em si e refletiu: Quantos empregados há na casa de meu pai que têm pão em abundância... e eu, aqui, estou a morrer de fome! **18.** Levantar-me-ei e irei a meu pai, e dir-lhe-ei: Meu pai, pequei contra o céu e contra ti; **19.** já não sou digno de ser chamado teu filho. Trata-me como a um dos teus empregados. **20.** Levantou-se, pois, e foi ter com seu pai. Estava ainda longe, quando seu pai o viu e, movido de compaixão, correu-lhe ao encontro, lançou-se-lhe ao pescoço e o beijou. **21.** O filho lhe disse, então: Meu pai, pequei contra o céu e contra ti; já não sou digno de ser chamado teu filho. **22.** Mas o pai falou aos servos: Trazei-me depressa a melhor veste e vesti-lha, e ponde-lhe um anel no dedo e calçado nos pés. **23.** Trazei também um novilho gordo e matai-o; comamos e façamos uma festa. **24.** Este meu filho estava morto, e reviveu; tinha se perdido, e foi achado. E começaram a festa. **25.** O filho mais velho estava no campo. Ao voltar e aproximar-se da casa, ouviu a música e as danças. **26.** Chamou um servo e perguntou-lhe o que havia. **27.** Ele lhe explicou: Voltou teu irmão. E teu pai mandou matar um novilho gordo, porque o reencontrou são e salvo. **28.** Encolerizou-se ele e não queria entrar, mas seu pai saiu e insistiu com ele. **29.** Ele, então, respondeu ao pai: Há tantos anos que te sirvo, sem jamais transgredir ordem alguma tua, e nunca me deste um cabrito para festejar com os meus amigos. **30.** E agora, que voltou este teu filho, que gastou os teus bens com as meretrizes, logo lhe mandaste matar um novilho gordo! **31.** Explicou-lhe o pai: Filho, tu estás sempre comigo, e tudo o que é meu é teu. **32.** Convinha, porém, fazermos festa, pois este teu irmão estava morto, e reviveu; tinha se perdido, e foi achado.

A CORAGEM DA VOLTA

Nas três parábolas, Jesus quer nos dizer que o mais importante é a misericórdia que devemos ter para com o próximo.

Naquela época, quem reclamava eram os mestres da lei, os fariseus, porque se achavam melhores que qualquer outra pessoa. Nessa sociedade, os pastores não tinham valor nenhum. Pastores de ovelhas eram considerados uma categoria desprezível, por isso, eram sempre marginalizados e deixados de lado. O personagem principal dessa história não foi um sacerdote ou mestre da lei, e sim um pastor que usa de sabedoria e misericórdia. Por causa de uma ovelha perdida, ele deixa as noventa e nove e vai resgatá-la, e traz feliz a ovelha cansada em seus ombros. Mais importante do que conhecer leis religiosas é praticar o que a religião ensina.

Depois Jesus fala da moeda perdida, aqui, mais uma vez Ele volta ao tema daqueles que se achavam já salvos. Os judeus, povo escolhido, sentiam-se privilegiados diante de Deus e, por isso, discriminavam os outros que eram considerados pagãos. A parábola fala de dracma, uma moeda grega cujo dono não era judeu, e, não sendo judeu, também era discriminado. Jesus afirma que a felicidade estará no coração de todos, judeus e gregos, não importa a raça, mas um coração generoso e que tem capacidade de amar.

Por fim, Jesus conta a parábola do filho pródigo. O pai é uma pessoa justa. Nos tempos de Jesus, pela lei judaica, o filho mais velho era o que tinha todos os direitos e bens em primeiro lugar. No entanto, mesmo assim o pai concede ao filho mais novo a parte de sua herança. Ele é um pai misericordioso. Quando o filho volta depois da decepção e dos erros cometidos ele não espera nem o filho chegar em casa, vai correndo ao encontro dele. A alegria da volta é muito maior e mais importante do que a tristeza da partida. O filho mais novo representa a humildade, o arrependimento e o pedido de perdão. Achando que se daria bem na vida, pediu a sua parte e se foi. Contudo, errou e teve a coragem de pedir perdão ao pai. Ignorou orgulho e a vergonha, e humildemente pediu perdão. O filho mais velho, com ciúmes, age de modo impiedoso. Não aceita que o pai perdoe o irmão. Quer que ele seja castigado porque usufruiu de tudo que tinha e não que seja recebido com roupas novas e banquete. Ele não tem misericórdia e desconsidera o próprio irmão.

Escutando essa história do filho pródigo, devemos nos perguntar com quem somos parecidos. Se com o filho mais novo, que peca, arrepende-se e volta, ou se com o mais velho, que não aceita que o outro volte para os braços do pai, por se considerar melhor do que seu irmão.

Achamos que somos melhores que os outros por levar uma vida honesta, dentro dos costumes morais e religiosos, que não merecemos o mesmo julgamento daquele que leva uma vida desmedida, mas que, no momento certo, arrepende-se. Isso pode ser um perigo para nossa própria fé, pois, quando acontece algum revés em nossas vidas, podemos comparar aquele momento ao de outra pessoa que, a nossos olhos, não se porta de modo respeitoso em relação às leis divinas.

Às vezes o erro do outro serve para provar a nossa capacidade de misericórdia. Ao abraçar o Cristianismo, seremos provados a todo momento. E é nessa hora que devemos abrir os braços para o perdão e ser misericordiosos como Jesus.

Jesus quer nos dizer que o importante é voltar. Ele quer que, a cada erro que cometamos, tenhamos a coragem do arrependimento e a humildade da volta.

Muitas vezes agimos como o filho mais velho. Achamos que, quando alguém peca, deve receber castigo, deve pagar pelo que fez. Chegamos até a desejar o mal para que a pessoa "aprenda"; isso não é misericórdia. Claro que a pessoa deve viver as consequências de suas escolhas, mas devemos prestar atenção se o que estamos desejando não é algum tipo de vingança. Algo como: "faço um esforço enorme para ser honesto, então quero que este 'malandro' se dê muito mal para compensar meu esforço". Cuidado. Agindo assim estamos fazendo mal a nós próprios. Tudo o que devemos desejar é que o outro seja perdoado e volte também para o Pai.

Sejamos, pois, como o filho mais novo, que não tem medo de pedir perdão e de voltar, não tem medo de se jogar nos braços do pai. Evitemos ser o filho mais velho, que acredita ser melhor porque nunca havia pecado e acaba pecando por não se alegrar com a volta e a vida do irmão.

Os Sete Princípios de Salomão

Os segredos do sucesso financeiro do homem mais rico da história

Bruce Fleet

Aquele que anda com os sábios, cresce sábio

Provérbios, 13:20

Os sete princípios de Salomão, de Bruce Fleet, reúne conhecimento prático e atualizado sobre sábias e inteligentes parábolas do rei Salomão, oferecendo conselhos e exemplos para uma vida de excelência, fartura e sucesso.

A História nos conta que, quando Deus ofereceu ao jovem Salomão que escolhesse o que bem entendesse — pois qualquer desejo seu lhe seria concedido —, o principiante rei não vacilou e pediu sabedoria. Escolha acertada: com um profundo entendimento sobre a riqueza e suas leis, Salomão tornou-se o mais poderoso e bem-sucedido homem de sua época.

Sobre o autor: Bruce Fleet é um dos principais assessores financeiros dos EUA, trabalha como presidente para a Church Capital Finance e é fundador da Fleet Capital Management. É, também, autor do best-seller *Demystifying Wall Street*. Atualmente vive em Frisco no Colorado com sua esposa.

ESTE LIVRO FOI COMPOSTO
EM WARNOC E CRONOS PARA A LEYA
EM OUTUBRO DE 2011